TRANZLATY

La lingua è per tutti

El idioma es para todos

Il Manifesto del Partito Comunista

El Manifiesto Comunista

Karl Marx
&
Friedrich Engels

Italiano / Español

Introduzione

Introducción

Uno spettro si aggira per l'Europa: lo spettro del comunismo

Un fantasma acecha a Europa: el fantasma del comunismo

Tutte le potenze della vecchia Europa hanno stretto una santa alleanza per esorcizzare questo spettro

Todas las potencias de la vieja Europa han entrado en una santa alianza para exorcizar este fantasma

Il Papa e lo Zar, Metternich e Guizot, i radicali francesi e le spie della polizia tedesca

El Papa y el Zar, Metternich y Guizot, los radicales franceses y los espías de la policía alemana

Dov'è il partito all'opposizione che non è stato denunciato come comunista dai suoi avversari al potere?

¿Dónde está el partido en la oposición que no ha sido tachado de comunista por sus adversarios en el poder?

Dov'è l'opposizione che non ha rigettato il rimprovero del comunismo contro i partiti di opposizione più avanzati?

¿Dónde está la Oposición que no haya devuelto el reproche de marca al comunismo contra los partidos de oposición más avanzados?

E dov'è il partito che non ha mosso l'accusa contro i suoi avversari reazionari?

¿Y dónde está el partido que no ha hecho la acusación contra sus adversarios reaccionarios?

Da questo fatto derivano due cose

Dos cosas resultan de este hecho

I. Il comunismo è già riconosciuto da tutte le potenze europee come potenza

I. El comunismo es ya reconocido por todas las potencias europeas como una potencia en sí misma

II. È tempo che i comunisti pubblichino apertamente, di fronte al mondo intero, le loro opinioni, i loro obiettivi e le loro tendenze

II. Ya es hora de que los comunistas publiquen abiertamente, a la vista de todo el mundo, sus puntos de vista, sus objetivos y sus tendencias

devono far fronte a questa favola infantile dello Spettro del Comunismo con un Manifesto del partito stesso

deben hacer frente a este cuento infantil del Espectro del Comunismo con un Manifiesto del propio partido

A tal fine, comunisti di varie nazionalità si sono riuniti a Londra e hanno abbozzato il seguente Manifesto

Con este fin, comunistas de diversas nacionalidades se han reunido en Londres y han esbozado el siguiente Manifiesto

il manifesto sarà pubblicato in inglese, francese, tedesco, italiano, fiammingo e danese

El presente manifiesto se publicará en inglés, francés, alemán, italiano, flamenco y danés

E ora sta per essere pubblicato in tutte le lingue offerte da Tranzlaty

Y ahora se publicará en todos los idiomas que ofrece Tranzlaty

I borghesi e i proletari
La burguesía y los proletarios

La storia di tutte le società finora esistite è la storia delle lotte di classe

La historia de todas las sociedades existentes hasta ahora es la historia de las luchas de clases

Libero e schiavo, patrizio e plebeo, signore e servo della gleba, maestro di corporazione e garzone

Hombre libre y esclavo, patricio y plebeyo, señor y siervo, maestro de gremio y oficial

in una parola, oppressore e oppresso

en una palabra, opresor y oprimido

Queste classi sociali erano in costante opposizione l'una con l'altra

Estas clases sociales estaban en constante oposición entre sí

Continuarono una lotta ininterrotta. Ora nascosto, ora aperto

Llevaron a cabo una lucha ininterrumpida. Ahora oculto, ahora abierto

una lotta che si è conclusa con una ricostituzione rivoluzionaria della società in generale

una lucha que terminó en una reconstitución revolucionaria de la sociedad en general

o una lotta che si concluse con la comune rovina delle classi contendenti

o una lucha que terminó en la ruina común de las clases contendientes

Guardiamo indietro alle epoche precedenti della storia

Echemos la vista atrás a las épocas anteriores de la historia

Troviamo quasi dappertutto una complicata organizzazione della società in vari ordini

Encontramos casi en todas partes una complicada organización de la sociedad en varios órdenes

C'è sempre stata una molteplice gradazione di rango sociale

Siempre ha habido una múltiple gradación de rango social

Nell'antica Roma abbiamo patrizi, cavalieri, plebei, schiavi

En la antigua Roma tenemos patricios, caballeros, plebeyos, esclavos

nel Medioevo: feudatari, vassalli, maestri di corporazione, operai, apprendisti, servi della gleba

en la Edad Media: señores feudales, vasallos, maestros de gremios, oficiales, aprendices, siervos

In quasi tutte queste classi, ancora una volta, gradazioni subordinate

En casi todas estas clases, de nuevo, las gradaciones subordinadas

La moderna società borghese è germogliata dalle rovine della società feudale

La sociedad burguesa moderna ha brotado de las ruinas de la sociedad feudal

Ma questo nuovo ordine sociale non ha eliminato gli antagonismi di classe

Pero este nuevo orden social no ha eliminado los antagonismos de clase

Non ha fatto altro che stabilire nuove classi e nuove condizioni di oppressione

No ha hecho más que establecer nuevas clases y nuevas condiciones de opresión

Ha stabilito nuove forme di lotta al posto di quelle vecchie

Ha establecido nuevas formas de lucha en lugar de las antiguas

Tuttavia, l'epoca in cui ci troviamo possiede una caratteristica distintiva

Sin embargo, la época en la que nos encontramos posee un rasgo distintivo

l'epoca della borghesia ha semplificato gli antagonismi di classe

la época de la burguesía ha simplificado los antagonismos de clase

La società nel suo insieme si sta sempre più dividendo in due grandi campi ostili

La sociedad en su conjunto se divide cada vez más en dos grandes campos hostiles

due grandi classi sociali direttamente fronteggiate: la borghesia e il proletariato

dos grandes clases sociales enfrentadas directamente: la burguesía y el proletariado

Dai servi della gleba del Medioevo nacquero i borghesi delle prime città

De los siervos de la Edad Media surgieron los burgueses de las primeras ciudades

Da questi borghesi si svilupparono i primi elementi della borghesia

A partir de estos burgueses se desarrollaron los primeros elementos de la burguesía

La scoperta dell'America e l'aggiramento del Capo

El descubrimiento de América y el doblamiento del Cabo

questi avvenimenti aprirono un nuovo terreno alla nascente borghesia

estos acontecimientos abrieron un nuevo terreno para la burguesía en ascenso

I mercati delle Indie orientali e della Cina, la colonizzazione dell'America, il commercio con le colonie

Los mercados de las Indias Orientales y China, la colonización de América, el comercio con las colonias

l'aumento dei mezzi di scambio e delle merci in generale

el aumento de los medios de cambio y de las mercancías en general

Questi eventi diedero al commercio, alla navigazione e all'industria un impulso mai conosciuto prima

Estos acontecimientos dieron al comercio, a la navegación y a la industria un impulso nunca antes conocido

Ha dato un rapido sviluppo all'elemento rivoluzionario nella vacillante società feudale

Dio un rápido desarrollo al elemento revolucionario en la tambaleante sociedad feudal

Le corporazioni chiuse avevano monopolizzato il sistema feudale di produzione industriale
Los gremios cerrados habían monopolizado el sistema feudal de producción industrial
Ma questo non bastava più per le crescenti esigenze dei nuovi mercati
Pero esto ya no bastaba para satisfacer las crecientes necesidades de los nuevos mercados
Il sistema manifatturiero prese il posto del sistema feudale dell'industria
El sistema manufacturero sustituyó al sistema feudal de la industria
I maestri delle corporazioni erano spinti da una parte dalla classe media manifatturiera
Los maestros de gremio fueron empujados a un lado por la clase media manufacturera
La divisione del lavoro tra le diverse corporazioni è scomparsa
La división del trabajo entre los diferentes gremios corporativos desapareció
La divisione del lavoro penetrava in ogni singola officina
La división del trabajo penetraba en cada uno de los talleres
Nel frattempo, i mercati continuavano a crescere e la domanda in costante aumento
Mientras tanto, los mercados seguían creciendo y la demanda seguía aumentando
Anche le fabbriche non erano più sufficienti a soddisfare le richieste
Ni siquiera las fábricas bastaban para satisfacer las demandas
Da allora, il vapore e i macchinari rivoluzionarono la produzione industriale
A partir de entonces, el vapor y la maquinaria revolucionaron la producción industrial
Il posto di produzione è stato preso dal gigante Industria Moderna

El lugar de la manufactura fue ocupado por el gigante, la Industria Moderna

Il posto della classe media industriale è stato preso da milionari industriali

El lugar de la clase media industrial fue ocupado por millonarios industriales

il posto dei capi di interi eserciti industriali fu preso dalla borghesia moderna

el lugar de los jefes de ejércitos industriales enteros fue ocupado por la burguesía moderna

la scoperta dell'America ha spianato la strada all'industria moderna per stabilire il mercato mondiale

el descubrimiento de América allanó el camino para que la industria moderna estableciera el mercado mundial

Questo mercato diede un immenso sviluppo al commercio, alla navigazione e alle comunicazioni via terra

Este mercado dio un inmenso desarrollo al comercio, la navegación y la comunicación por tierra

Questo sviluppo ha reagito, a suo tempo, all'estensione dell'industria

Este desarrollo ha repercutido, en su momento, en la extensión de la industria

Ha reagito in proporzione all'estensione dell'industria e all'estensione del commercio, della navigazione e delle ferrovie

Reaccionó en proporción a cómo se extendía la industria, y cómo se extendían el comercio, la navegación y los ferrocarriles

nella stessa proporzione in cui la borghesia si è sviluppata, ha aumentato il suo capitale

en la misma proporción en que la burguesía se desarrolló, aumentó su capital

e la borghesia mise in secondo piano tutte le classi tramandate dal Medioevo

y la burguesía relegó a un segundo plano a todas las clases heredadas de la Edad Media

perciò la borghesia moderna è essa stessa il prodotto di un lungo corso di sviluppo

por lo tanto, la burguesía moderna es en sí misma el producto de un largo curso de desarrollo

Vediamo che si tratta di una serie di rivoluzioni nei modi di produzione e di scambio

Vemos que es una serie de revoluciones en los modos de producción y de intercambio

Ogni passo di sviluppo della borghesia era accompagnato da un corrispondente avanzamento politico

Cada paso de la burguesía desarrollista iba acompañado de un avance político correspondiente

Una classe oppressa sotto l'influenza della nobiltà feudale

Una clase oprimida bajo el dominio de la nobleza feudal

un'associazione armata e autonoma nel comune medievale

una asociación armada y autónoma en la comuna medieval

qui, una repubblica urbana indipendente (come in Italia e in Germania)

aquí, una república urbana independiente (como en Italia y Alemania)

lì, un "terzo stato" tassabile della monarchia (come in Francia)

allí, un "tercer estado" imponible de la monarquía (como en Francia)

successivamente, nel periodo di fabbricazione propriamente detto

posteriormente, en el período de fabricación propiamente dicho

la borghesia serviva sia la monarchia semifeudale che quella assoluta

la burguesía servía a la monarquía semifeudal o a la monarquía absoluta

o la borghesia faceva da contrappeso alla nobiltà

o la burguesía actuaba como contrapeso contra la nobleza

e, in effetti, la borghesia era una pietra angolare delle grandi monarchie in generale

y, de hecho, la burguesía era una piedra angular de las grandes monarquías en general

ma l'industria moderna e il mercato mondiale si sono affermati da allora

pero la industria moderna y el mercado mundial se establecieron desde entonces

e la borghesia si è conquistata il dominio politico esclusivo

y la burguesía ha conquistado para sí el dominio político exclusivo

ha raggiunto questo dominio politico attraverso il moderno Stato rappresentativo

logró esta influencia política a través del Estado representativo moderno

Gli esecutivi dello Stato moderno non sono altro che un comitato di gestione

Los ejecutivos del Estado moderno no son más que un comité de gestión

e dirigono gli affari comuni di tutta la borghesia

y manejan los asuntos comunes de toda la burguesía

La borghesia, storicamente, ha svolto un ruolo rivoluzionario

La burguesía, históricamente, ha desempeñado un papel muy revolucionario

Ovunque abbia preso il sopravvento, ha posto fine a tutte le relazioni feudali, patriarcali e idilliache

Dondequiera que se impuso, puso fin a todas las relaciones feudales, patriarcales e idílicas

Ha impietosamente spezzato i variegati legami feudali che legavano l'uomo ai suoi "superiori naturali"

Ha roto sin piedad los abigarrados lazos feudales que unían al hombre con sus "superiores naturales"

e non è rimasto alcun nesso tra uomo e uomo, se non il nudo interesse personale

y no ha dejado ningún nexo entre el hombre y el hombre, más allá del puro interés propio

Le relazioni reciproche dell'uomo non sono diventate altro che un insensibile "pagamento in contanti"

Las relaciones del hombre entre sí se han convertido en nada más que un cruel "pago en efectivo"

Ha affogato le più celesti estasi di fervore religioso

Ha ahogado los éxtasis más celestiales del fervor religioso

Ha affogato l'entusiasmo cavalleresco e il sentimentalismo filisteo

ha ahogado el entusiasmo caballeresco y el sentimentalismo filisteo

Ha annegato queste cose nell'acqua gelida del calcolo egoistico

ha ahogado estas cosas en el agua helada del cálculo egoísta

Ha trasformato il valore personale in valore di scambio

Ha resuelto el valor personal en valor de cambio

Ha sostituito le innumerevoli e inalienabili libertà sancite

Ha sustituido a las innumerables e imprescriptibles libertades estatutarias

e ha istituito un'unica, inconcepibile libertà; Libero scambio

y ha establecido una libertad única e inconcebible; Libre cambio

In una parola, lo ha fatto per lo sfruttamento

En una palabra, lo ha hecho para la explotación

sfruttamento velato da illusioni religiose e politiche

explotación velada por ilusiones religiosas y políticas

sfruttamento velato da uno sfruttamento nudo, spudorato, diretto, brutale

explotación velada por una explotación desnuda, desvergonzada, directa, brutal

la borghesia ha tolto l'aureola da ogni occupazione prima onorata e riverita

la burguesía ha despojado de la aureola a todas las ocupaciones anteriormente honradas y veneradas

il medico, l'avvocato, il prete, il poeta e l'uomo di scienza

el médico, el abogado, el sacerdote, el poeta y el hombre de ciencia

Ha trasformato questi distinti lavoratori in lavoratori salariati retribuiti

Ha convertido a estos distinguidos trabajadores en sus trabajadores asalariados

La borghesia ha strappato il velo sentimentale alla famiglia

La burguesía ha rasgado el velo sentimental de la familia

e ha ridotto il rapporto familiare a un mero rapporto di denaro

y ha reducido la relación familiar a una mera relación monetaria

la brutale dimostrazione di vigore nel Medioevo che i reazionari tanto ammirano

el brutal despliegue de vigor en la Edad Media que tanto admiran los reaccionarios

Anche questo trovava il suo giusto complemento nell'indolenza più indolente

Aun esto encontró su complemento adecuado en la más perezosa indolencia

La borghesia ha svelato come tutto questo sia avvenuto

La burguesía ha revelado cómo sucedió todo esto

La borghesia è stata la prima a mostrare ciò che l'attività dell'uomo può produrre

La burguesía ha sido la primera en mostrar lo que la actividad del hombre puede producir

Ha compiuto meraviglie che superano di gran lunga le piramidi egizie, gli acquedotti romani e le cattedrali gotiche

Ha logrado maravillas que superan con creces las pirámides egipcias, los acueductos romanos y las catedrales góticas

e ha condotto spedizioni che hanno messo in ombra tutti i precedenti Esodi di nazioni e crociate

y ha llevado a cabo expediciones que han hecho sombra a todos los antiguos Éxodos de naciones y cruzadas

La borghesia non può esistere senza rivoluzionare costantemente gli strumenti di produzione

La burguesía no puede existir sin revolucionar constantemente los instrumentos de producción

e quindi non può esistere senza i suoi rapporti con la produzione

y, por lo tanto, no puede existir sin sus relaciones con la producción

e quindi non può esistere senza le sue relazioni con la società

y, por lo tanto, no puede existir sin sus relaciones con la sociedad

Tutte le classi industriali precedenti avevano una condizione in comune

Todas las clases industriales anteriores tenían una condición en común

Essi si basavano sulla conservazione dei vecchi modi di produzione

Confiaban en la conservación de los antiguos modos de producción

ma la borghesia portò con sé una dinamica completamente nuova

pero la burguesía trajo consigo una dinámica completamente nueva

Rivoluzione costante della produzione e sconvolgimento ininterrotto di tutte le condizioni sociali

Revolucionar constantemente la producción y perturbar ininterrumpidamente todas las condiciones sociales

questa eterna incertezza e agitazione distingue l'epoca della borghesia da tutte quelle precedenti

esta eterna incertidumbre y agitación distingue a la época burguesa de todas las anteriores

I precedenti rapporti con la produzione erano accompagnati da antichi e venerabili pregiudizi e opinioni

Las relaciones previas con la producción vinieron acompañadas de antiguos y venerables prejuicios y opiniones

Ma tutte queste relazioni fisse e congelate vengono spazzate via

Pero todas estas relaciones fijas y congeladas son barridas

Tutte le relazioni di nuova formazione diventano antiquate prima di potersi ossificare

Todas las relaciones recién formadas se vuelven anticuadas antes de que puedan osificarse

Tutto ciò che è solido si scioglie nell'aria, e tutto ciò che è santo è profanato

Todo lo que es sólido se derrite en el aire, y todo lo que es santo es profanado

L'uomo è finalmente costretto a guardare con sobrietà le sue reali condizioni di vita

El hombre se ve finalmente obligado a afrontar con sus sentidos sobrios sus verdaderas condiciones de vida

ed è costretto ad affrontare i suoi rapporti con la sua specie

y se ve obligado a afrontar sus relaciones con los de su especie

La borghesia ha costantemente bisogno di espandere i suoi mercati per i suoi prodotti

La burguesía necesita constantemente ampliar sus mercados para sus productos

e, per questo, la borghesia è inseguita su tutta la superficie del globo

y, debido a esto, la burguesía es perseguida por toda la superficie del globo

La borghesia deve annidarsi dappertutto, stabilirsi dappertutto, stabilire connessioni dappertutto

La burguesía debe anidar en todas partes, establecerse en todas partes, establecer conexiones en todas partes

La borghesia deve creare mercati in ogni angolo del mondo da sfruttare

La burguesía debe crear mercados en todos los rincones del mundo para explotar

Alla produzione e al consumo di ogni paese è stato conferito un carattere cosmopolita

La producción y el consumo en todos los países han adquirido un carácter cosmopolita

il dispiacere dei reazionari è palpabile, ma è andato avanti a prescindere

el disgusto de los reaccionarios es palpable, pero ha
continuado a pesar de todo

**La borghesia ha tratto da sotto i piedi dell'industria il
terreno nazionale su cui si trovava**

La burguesía ha sacado de debajo de los pies de la industria el
terreno nacional en el que se encontraba

**Tutte le vecchie industrie nazionali sono state distrutte, o
vengono distrutte ogni giorno**

Todas las industrias nacionales de vieja data han sido
destruidas, o están siendo destruidas diariamente

**Tutte le vecchie industrie nazionali vengono spodestate da
nuove industrie**

Todas las viejas industrias nacionales son desplazadas por las
nuevas industrias

**La loro introduzione diventa una questione di vita o di
morte per tutte le nazioni civili**

Su introducción se convierte en una cuestión de vida o muerte
para todas las naciones civilizadas

**Vengono spodestati da industrie che non lavorano più
materie prime indigene**

son desalojados por industrias que ya no trabajan con materia
prima autóctona

**Invece, queste industrie estraggono materie prime dalle zone
più remote**

En cambio, estas industrias extraen materias primas de las
zonas más remotas

**industrie i cui prodotti vengono consumati, non solo a casa,
ma in ogni parte del globo**

industrias cuyos productos se consumen, no solo en el país,
sino en todos los rincones del mundo

**Al posto dei vecchi bisogni, soddisfatti dalle produzioni del
paese, troviamo nuovi bisogni**

En lugar de las viejas necesidades, satisfechas por las
producciones del país, encontramos nuevas necesidades

**Questi nuovi bisogni richiedono per la loro soddisfazione i
prodotti di terre e climi lontani**

Estas nuevas necesidades requieren para su satisfacción los productos de tierras y climas lejanos

Al posto della vecchia clausura e autosufficienza locale e nazionale, abbiamo il commercio

En lugar de la antigua reclusión y autosuficiencia local y nacional, tenemos el comercio

scambi internazionali in ogni direzione; interdipendenza universale delle nazioni

intercambio internacional en todas las direcciones; Interdependencia universal de las naciones

E proprio come abbiamo dipendenza dai materiali, così dipendiamo dalla produzione intellettuale

Y así como dependemos de los materiales, también dependemos de la producción intelectual

Le creazioni intellettuali delle singole nazioni diventano proprietà comune

Las creaciones intelectuales de las naciones individuales se convierten en propiedad común

L'unilateralità nazionale e la ristrettezza di vedute diventano sempre più impossibili

La unilateralidad nacional y la estrechez de miras se vuelven cada vez más imposibles

e dalle numerose letterature nazionali e locali, nasce una letteratura mondiale

y de las numerosas literaturas nacionales y locales, surge una literatura mundial

mediante il rapido miglioramento di tutti gli strumenti di produzione

por el rápido perfeccionamiento de todos los instrumentos de producción

con i mezzi di comunicazione immensamente facilitati

por los medios de comunicación inmensamente facilitados

La borghesia trascina tutte le nazioni (anche le più barbare) nella civiltà

La burguesía atrae a todos (incluso a las naciones más bárbaras) a la civilización

I prezzi bassi delle sue merci; l'artiglieria pesante che abbatte tutte le mura cinesi

Los precios baratos de sus mercancías; la artillería pesada que derriba todas las murallas chinas

L'odio ostinatamente ostinato dei barbari contro gli stranieri è costretto a capitolare

El odio intensamente obstinado de los bárbaros hacia los extranjeros se ve obligado a capitular

Costringe tutte le nazioni, sotto pena di estinzione, ad adottare il modo di produzione borghese

Obliga a todas las naciones, bajo pena de extinción, a adoptar el modo de producción burgués

Li costringe a introdurre in mezzo a loro ciò che chiama civiltà

los obliga a introducir lo que llama civilización en su seno

La borghesia costringe i barbari a diventare essi stessi borghesi

La burguesía obliga a los bárbaros a convertirse ellos mismos en burgueses

in una parola, la borghesia crea un mondo a sua immagine e somiglianza

en una palabra, la burguesía crea un mundo a su imagen y semejanza

La borghesia ha assoggettato le campagne al dominio delle città

La burguesía ha sometido el campo al dominio de las ciudades

Ha creato enormi città e aumentato notevolmente la popolazione urbana

Ha creado enormes ciudades y ha aumentado considerablemente la población urbana

Ha salvato una parte considerevole della popolazione dall'idiozia della vita rurale

Rescató a una parte considerable de la población de la idiotez de la vida rural

ma ha reso gli abitanti delle campagne dipendenti dalle città

pero ha hecho que los del campo dependan de las ciudades

e parimenti ha reso i paesi barbari dipendenti da quelli civilizzati

y asimismo, ha hecho que los países bárbaros dependan de los civilizados

nazioni di contadini su nazioni di borghesia, l'Oriente sull'Occidente

naciones de campesinos sobre naciones de la burguesía, el Este sobre el Oeste

La borghesia elimina sempre più lo stato disperso della popolazione

La burguesía suprime cada vez más el estado disperso de la población

Ha agglomerato la produzione e ha concentrato la proprietà in poche mani

Ha aglomerado la producción y ha concentrado la propiedad en pocas manos

La conseguenza necessaria di ciò fu l'accentramento politico

La consecuencia necesaria de esto fue la centralización política

C'erano state nazioni indipendenti e province vagamente collegate

Había habido naciones independientes y provincias poco conectadas

Avevano interessi, leggi, governi e sistemi fiscali separati

Tenían intereses, leyes, gobiernos y sistemas tributarios separados

ma sono stati raggruppati in un'unica nazione, con un solo governo

pero se han agrupado en una sola nación, con un solo gobierno

Ora hanno un interesse nazionale di classe, una frontiera e una tariffa doganale

Ahora tienen un interés nacional de clase, una frontera y un arancel aduanero

E questo interesse nazionale di classe è unificato sotto un unico codice di legge

Y este interés nacional de clase está unificado bajo un solo código de leyes

la borghesia ha fatto molto durante il suo dominio di appena cento anni

la burguesía ha logrado mucho durante su gobierno de apenas cien años

forze produttive più massicce e colossali di tutte le generazioni precedenti messe insieme

fuerzas productivas más masivas y colosales que todas las generaciones precedentes juntas

Le forze della natura sono sottomesse alla volontà dell'uomo e delle sue macchine

Las fuerzas de la naturaleza están subyugadas a la voluntad del hombre y su maquinaria

La chimica è applicata a tutte le forme di industria e a tutti i tipi di agricoltura

La química se aplica a todas las formas de industria y tipos de agricultura

la navigazione a vapore, le ferrovie, i telegrafi elettrici e la stampa

la navegación a vapor, los ferrocarriles, los telégrafos eléctricos y la imprenta

disboscamento di interi continenti per la coltivazione, canalizzazione dei fiumi

desbroce de continentes enteros para el cultivo, canalización de ríos

intere popolazioni sono state evocate dal terreno e messe al lavoro

Poblaciones enteras han sido sacadas de la tierra y puestas a trabajar

Quale secolo precedente aveva avuto anche solo un presentimento di ciò che si sarebbe potuto scatenare?

¿Qué siglo anterior tuvo siquiera un presentimiento de lo que podría desencadenarse?

Chi aveva previsto che tali forze produttive dormissero nel grembo del lavoro sociale?

¿Quién predijo que tales fuerzas productivas dormitaban en el regazo del trabajo social?

Vediamo allora che i mezzi di produzione e di scambio sono stati generati nella società feudale

Vemos, pues, que los medios de producción y de intercambio se generaban en la sociedad feudal

i mezzi di produzione sulle cui fondamenta si è costruita la borghesia

los medios de producción sobre cuyos cimientos se construyó la burguesía

Ad un certo stadio dello sviluppo di questi mezzi di produzione e di scambio

En una determinada etapa del desarrollo de estos medios de producción y de intercambio

le condizioni in cui la società feudale produceva e scambiava

las condiciones bajo las cuales la sociedad feudal producía e intercambiaba

L'organizzazione feudale dell'agricoltura e dell'industria manifatturiera

La organización feudal de la agricultura y la industria manufacturera

i rapporti feudali di proprietà non erano più compatibili con le condizioni materiali

Las relaciones feudales de propiedad ya no eran compatibles con las condiciones materiales

Dovevano essere fatti a pezzi, quindi sono stati fatti a pezzi

Tuvieron que ser reventados en pedazos, por lo que fueron reventados en pedazos

Al loro posto è entrata la libera concorrenza delle forze produttive

En su lugar entró la libre competencia de las fuerzas productivas

ed erano accompagnate da una costituzione sociale e politica ad essa adattata

y fueron acompañadas de una constitución social y política adaptada a ella

ed era accompagnato dall'influenza economica e politica della classe borghese

y fue acompañado por el dominio económico y político de la burguesía

Un movimento simile sta avvenendo sotto i nostri occhi

Un movimiento similar está ocurriendo ante nuestros propios ojos

La società borghese moderna con i suoi rapporti di produzione, di scambio e di proprietà

La sociedad burguesa moderna con sus relaciones de producción, de intercambio y de propiedad

una società che ha evocato mezzi di produzione e di scambio così giganteschi

una sociedad que ha conjurado medios de producción y de intercambio tan gigantescos

È come lo stregone che ha evocato le potenze del mondo inferiore

Es como el hechicero que invocó los poderes del mundo inferior

Ma non è più in grado di controllare ciò che ha portato nel mondo

Pero ya no es capaz de controlar lo que ha traído al mundo

Per molti decenni la storia passata è stata legata da un filo conduttore

Durante muchas décadas, la historia pasada estuvo unida por un hilo conductor

La storia dell'industria e del commercio non è stata che la storia delle rivolte

La historia de la industria y del comercio no ha sido más que la historia de las revueltas

le rivolte delle moderne forze produttive contro le moderne condizioni di produzione

las revueltas de las fuerzas productivas modernas contra las condiciones modernas de producción

le rivolte delle moderne forze produttive contro i rapporti di proprietà

Las revueltas de las fuerzas productivas modernas contra las relaciones de propiedad

questi rapporti di proprietà sono le condizioni per l'esistenza della borghesia

estas relaciones de propiedad son las condiciones para la existencia de la burguesía

e l'esistenza della borghesia determina le regole dei rapporti di proprietà

y la existencia de la burguesía determina las reglas de las relaciones de propiedad

Basti citare il periodico ritorno delle crisi commerciali

Baste mencionar el retorno periódico de las crisis comerciales

ogni crisi commerciale è più minacciosa per la società borghese della precedente

cada crisis comercial es más amenazante para la sociedad burguesa que la anterior

In queste crisi gran parte dei prodotti esistenti vengono distrutti

En estas crisis se destruye gran parte de los productos existentes

Ma queste crisi distruggono anche le forze produttive create in precedenza

Pero estas crisis también destruyen las fuerzas productivas previamente creadas

In tutte le epoche precedenti queste epidemie sarebbero sembrate un'assurdità

En todas las épocas anteriores, estas epidemias habrían parecido un absurdo

Perché queste epidemie sono le crisi commerciali della sovrapproduzione

porque estas epidemias son las crisis comerciales de la sobreproducción

La società si ritrova improvvisamente rimessa in uno stato di momentanea barbarie

De repente, la sociedad se encuentra de nuevo en un estado de barbarie momentánea

come se una guerra universale di devastazione avesse tagliato ogni mezzo di sussistenza

como si una guerra universal de devastación hubiera cortado todos los medios de subsistencia

l'industria e il commercio sembrano essere stati distrutti; E perché?

la industria y el comercio parecen haber sido destruidos; ¿Y por qué?

Perché c'è troppa civiltà e troppi mezzi di sussistenza

Porque hay demasiada civilización y medios de subsistencia

e perché c'è troppa industria, e troppo commercio

y porque hay demasiada industria y demasiado comercio

Le forze produttive a disposizione della società non sviluppano più la proprietà borghese

Las fuerzas productivas a disposición de la sociedad ya no desarrollan la propiedad burguesa

Al contrario, sono diventati troppo potenti per queste condizioni, dalle quali sono incatenati

por el contrario, se han vuelto demasiado poderosos para estas condiciones, por las cuales están encadenados

non appena superano queste catene, portano il disordine in tutta la società borghese

tan pronto como superan estas cadenas, traen el desorden a toda la sociedad burguesa

e le forze produttive mettono in pericolo l'esistenza della proprietà borghese

y las fuerzas productivas ponen en peligro la existencia de la propiedad burguesa

Le condizioni della società borghese sono troppo anguste per comprendere la ricchezza da esse creata

Las condiciones de la sociedad burguesa son demasiado estrechas para abarcar la riqueza creada por ellas

E come fa la borghesia a superare queste crisi?

¿Y cómo supera la burguesía estas crisis?

Da un lato, supera queste crisi con la distruzione forzata di una massa di forze produttive

Por un lado, supera estas crisis mediante la destrucción forzada de una masa de fuerzas productivas

dall'altro, supera queste crisi con la conquista di nuovi mercati

por otro lado, supera estas crisis mediante la conquista de nuevos mercados

e supera queste crisi con lo sfruttamento più completo delle vecchie forze produttive

y supera estas crisis mediante la explotación más completa de las viejas fuerzas productivas

Vale a dire, aprendo la strada a crisi più estese e più distruttive

Es decir, allanando el camino para crisis más extensas y destructivas

Supera la crisi diminuendo i mezzi con cui le crisi vengono prevenute

supera la crisis disminuyendo los medios para prevenir las crisis

Le armi con le quali la borghesia ha abbattuto il feudalesimo sono ora rivolte contro se stessa

Las armas con las que la burguesía derribó el feudalismo se vuelven ahora contra sí misma

Ma non solo la borghesia ha forgiato le armi che portano la morte a se stessa

Pero la burguesía no sólo ha forjado las armas que le dan la muerte

Ha anche chiamato all'esistenza gli uomini che devono brandire quelle armi

También ha llamado a la existencia a los hombres que han de empuñar esas armas

e questi uomini sono la classe operaia moderna; sono i proletari

Y estos hombres son la clase obrera moderna; Son los proletarios

Nella misura in cui si sviluppa la borghesia, nella stessa proporzione si sviluppa il proletariato

En la misma proporción en que se desarrolla la burguesía, en la misma proporción se desarrolla el proletariado

La classe operaia moderna ha sviluppato una classe di operai

La clase obrera moderna desarrolló una clase de trabajadores

Questa classe di operai vive solo fino a quando trova lavoro

Esta clase de obreros vive sólo mientras encuentran trabajo

e trovano lavoro solo finché il loro lavoro aumenta il capitale

y sólo encuentran trabajo mientras su trabajo aumenta el capital

Questi operai, che devono vendersi a pezzi, sono una merce

Estos obreros, que deben venderse a destajo, son una mercancía

Questi operai sono come ogni altro articolo di commercio

Estos obreros son como cualquier otro artículo de comercio

e di conseguenza sono esposti a tutte le vicissitudini della concorrenza

y, en consecuencia, están expuestos a todas las vicisitudes de la competencia

Devono resistere a tutte le fluttuazioni del mercato

Tienen que capear todas las fluctuaciones del mercado

A causa dell'uso estensivo di macchinari e della divisione del lavoro

Debido al uso extensivo de maquinaria y a la división del trabajo

L'opera dei proletari ha perduto ogni carattere individuale

El trabajo de los proletarios ha perdido todo carácter individual

E di conseguenza, il lavoro dei proletari ha perso ogni fascino per l'operaio

y, en consecuencia, el trabajo de los proletarios ha perdido todo encanto para el obrero

Diventa un'appendice della macchina, piuttosto che l'uomo che era una volta

Se convierte en un apéndice de la máquina, en lugar del hombre que una vez fue

Gli è richiesta solo l'abilità più semplice, monotona e più facile da acquisire

Sólo se requiere de él la habilidad más simple, monótona y más fácil de adquirir

Quindi, il costo di produzione di un operaio è limitato

Por lo tanto, el costo de producción de un trabajador está restringido

essa è limitata quasi interamente ai mezzi di sussistenza di cui egli ha bisogno per il suo sostentamento

se restringe casi por completo a los medios de subsistencia que necesita para su manutención

ed è limitato ai mezzi di sussistenza di cui egli ha bisogno per la propagazione della sua razza

y se restringe a los medios de subsistencia que necesita para la propagación de su raza

Ma il prezzo di una merce, e quindi anche del lavoro, è uguale al suo costo di produzione

Pero el precio de una mercancía, y por lo tanto también del trabajo, es igual a su costo de producción

In proporzione, quindi, all'aumentare della repulsività del lavoro, il salario diminuisce

Por lo tanto, a medida que aumenta la repulsividad del trabajo, disminuye el salario

Anzi, la ripugnanza della sua opera aumenta a un ritmo ancora maggiore

Es más, la repulsión de su obra aumenta a un ritmo aún mayor

Con l'aumento dell'uso delle macchine e della divisione del lavoro, aumenta anche il peso della fatica

A medida que aumenta el uso de maquinaria y la división del trabajo, también lo hace la carga del trabajo

Il peso della fatica è aumentato dal prolungamento dell'orario di lavoro

La carga del trabajo se incrementa con la prolongación de las horas de trabajo

Ci si aspetta di più dall'operaio nello stesso tempo di prima

Se espera más del obrero en el mismo tiempo que antes

e naturalmente il peso della fatica è aumentato dalla velocità della macchina

Y, por supuesto, la carga del trabajo aumenta por la velocidad de la maquinaria

L'industria moderna ha trasformato la piccola bottega del padrone patriarcale nella grande fabbrica del capitalista industriale

La industria moderna ha convertido el pequeño taller del amo patriarcal en la gran fábrica del capitalista industrial

Masse di operai, ammassati nella fabbrica, sono organizzati come soldati

Las masas de obreros, hacinados en la fábrica, están organizadas como soldados

Come soldati semplici dell'esercito industriale sono posti sotto il comando di una perfetta gerarchia di ufficiali e sergenti

Como soldados rasos del ejército industrial están bajo el mando de una jerarquía perfecta de oficiales y sargentos

non sono solo gli schiavi della classe borghese e dello Stato

no sólo son esclavos de la burguesía y del Estado

ma sono anche quotidianamente e ogni ora schiavizzati dalla macchina

pero también son esclavizados diariamente y cada hora por la máquina

essi sono schiavi dell'osservatore e, soprattutto, del singolo industriale borghese stesso

están esclavizados por el vigilante y, sobre todo, por el propio fabricante burgués

Quanto più apertamente questo dispotismo proclama il guadagno come suo fine e il suo scopo, tanto più meschino, tanto più odioso e più amareggiato è

Cuanto más abiertamente proclama este despotismo que la ganancia es su fin y su fin, tanto más mezquino, más odioso y más amargo es

Quanto più l'industria moderna si sviluppa, tanto minori sono le differenze tra i sessi

Cuanto más se desarrolla la industria moderna, menores son las diferencias entre los sexos

Quanto meno l'abilità e l'esercizio della forza implicano nel lavoro manuale, tanto più il lavoro degli uomini è sostituito da quello delle donne

Cuanto menor es la habilidad y el ejercicio de la fuerza implícitos en el trabajo manual, tanto más el trabajo de los hombres es reemplazado por el de las mujeres

Le differenze di età e di sesso non hanno più alcuna validità sociale distintiva per la classe operaia

Las diferencias de edad y sexo ya no tienen ninguna validez social distintiva para la clase obrera

Sono tutti strumenti di lavoro, più o meno costosi da usare, a seconda dell'età e del sesso

Todos son instrumentos de trabajo, más o menos costosos de usar, según su edad y sexo

non appena l'operaio riceve il suo salario in contanti, allora è attaccato dalle altre parti della borghesia

tan pronto como el obrero recibe su salario en efectivo, es atacado por las otras partes de la burguesía

il padrone di casa, il negoziante, il banco dei pegni, ecc

el propietario, el tendero, el prestamista, etc

Gli strati inferiori della classe media; i piccoli artigiani e i negozianti

Los estratos más bajos de la clase media; los pequeños comerciantes y tenderos

i commercianti in pensione, in generale, e gli artigiani e i contadini

los comerciantes jubilados en general, y los artesanos y campesinos

tutti questi sprofondano a poco a poco nel proletariato

todo esto se hunde poco a poco en el proletariado

in parte perché il loro minuscolo capitale non è sufficiente per la scala su cui si svolge l'industria moderna

en parte porque su minúsculo capital no basta para la escala en que se desarrolla la industria moderna

e perché è sommersa dalla concorrenza con i grandi capitalisti

y porque está inundada en la competencia con los grandes capitalistas

in parte perché la loro abilità specialistica è resa inutile dai nuovi metodi di produzione

en parte porque sus habilidades especializadas se vuelven inútiles por los nuevos métodos de producción

Così il proletariato è reclutato da tutte le classi della popolazione

De este modo, el proletariado es reclutado entre todas las clases de la población

Il proletariato attraversa vari stadi di sviluppo

El proletariado pasa por varias etapas de desarrollo

Con la sua nascita inizia la sua lotta contro la borghesia

Con su nacimiento comienza su lucha con la burguesía

All'inizio la lotta è portata avanti da singoli operai

Al principio, la contienda es llevada a cabo por trabajadores individuales

Poi la gara è portata avanti dagli operai di una fabbrica

Entonces el concurso es llevado a cabo por los obreros de una fábrica

Poi la gara è condotta dagli operai di un mestiere, in una località

Entonces la contienda es llevada a cabo por los operarios de un oficio, en una localidad

e la contesa è allora contro la singola borghesia che li sfrutta direttamente

y la contienda es entonces contra la burguesía individual que los explota directamente

Essi dirigono i loro attacchi non contro le condizioni di produzione della borghesia

No dirigen sus ataques contra las condiciones de producción de la burguesía

ma essi dirigono il loro attacco contro gli stessi strumenti di produzione

pero dirigen su ataque contra los propios instrumentos de producción
distruggono le merci importate che competono con la loro manodopera
destruyen mercancías importadas que compiten con su mano de obra
Fanno a pezzi i macchinari e incendiano le fabbriche
Hacen pedazos la maquinaria y prenden fuego a las fábricas
cercano di restaurare con la forza lo status scomparso dell'operaio del Medioevo
tratan de restaurar por la fuerza el estado desaparecido del obrero de la Edad Media
In questa fase gli operai formano ancora una massa incoerente sparsa in tutto il paese
En esta etapa, los obreros forman todavía una masa incoherente dispersa por todo el país
e sono spezzati dalla loro reciproca concorrenza
y se rompen por su mutua competencia
Se in qualche luogo si uniscono per formare corpi più compatti, ciò non è ancora la conseguenza della loro unione attiva
Si en alguna parte se unen para formar cuerpos más compactos, esto no es todavía la consecuencia de su propia unión activa
ma è una conseguenza dell'unione della borghesia, per raggiungere i propri fini politici
pero es una consecuencia de la unión de la burguesía, para alcanzar sus propios fines políticos
la borghesia è costretta a mettere in moto tutto il proletariato
la burguesía se ve obligada a poner en movimiento a todo el proletariado
e inoltre, per un certo momento, la borghesia è in grado di farlo
y además, por un momento, la burguesía es capaz de hacerlo
In questa fase, quindi, i proletari non combattono i loro nemici

Por lo tanto, en esta etapa, los proletarios no luchan contra sus enemigos

ma invece stanno combattendo i nemici dei loro nemici

sino que están luchando contra los enemigos de sus enemigos

la lotta contro i resti della monarchia assoluta e i proprietari terrieri

la lucha contra los restos de la monarquía absoluta y los terratenientes

combattono la borghesia non industriale; la piccola borghesia

luchan contra la burguesía no industrial; la pequeña burguesía

Così tutto il movimento storico è concentrato nelle mani della borghesia

De este modo, todo el movimiento histórico se concentra en manos de la burguesía

ogni vittoria così ottenuta è una vittoria per la borghesia

cada victoria así obtenida es una victoria para la burguesía

Ma con lo sviluppo dell'industria il proletariato non solo aumenta di numero

Pero con el desarrollo de la industria, el proletariado no sólo aumenta en número

il proletariato si concentra in masse più grandi e la sua forza cresce

el proletariado se concentra en grandes masas y su fuerza crece

e il proletariato sente sempre più questa forza

y el proletariado siente cada vez más esa fuerza

I diversi interessi e condizioni di vita nelle file del proletariato sono sempre più uguali

Los diversos intereses y condiciones de vida en las filas del proletariado se igualan cada vez más

Esse diventano tanto più in proporzione quanto più le macchine cancellano tutte le distinzioni di lavoro

se vuelven más proporcionales a medida que la maquinaria borra todas las distinciones de trabajo

e i macchinari quasi dappertutto riducono i salari allo stesso basso livello

y la maquinaria reduce los salarios al mismo nivel bajo en casi todas partes

La crescente concorrenza tra la borghesia e le crisi commerciali che ne derivano rendono i salari degli operai sempre più fluttuanti

La creciente competencia entre la burguesía, y las crisis comerciales resultantes, hacen que los salarios de los obreros sean cada vez más fluctuantes

L'incessante miglioramento delle macchine, in continuo sviluppo, rende il loro sostentamento sempre più precario

La mejora incesante de la maquinaria, que se desarrolla cada vez más rápidamente, hace que sus medios de vida sean cada vez más precarios

gli scontri tra i singoli operai e la borghesia individuale assumono sempre più il carattere di scontri tra due classi

los choques entre obreros individuales y burgueses individuales toman cada vez más el carácter de choques entre dos clases

A quel punto gli operai cominciano a formare associazioni (sindacati) contro la borghesia

A partir de ese momento, los obreros comienzan a formar uniones (sindicatos) contra la burguesía

si associano per mantenere alto il ritmo dei salari

se agrupan para mantener el ritmo de los salarios

Fondarono associazioni permanenti per provvedere in anticipo a queste rivolte occasionali

Fundaron asociaciones permanentes para hacer frente de antemano a estas revueltas ocasionales

Qua e là la contesa scoppia in rivolte

Aquí y allá la contienda estalla en disturbios

Di tanto in tanto gli operai sono vittoriosi, ma solo per un po'

De vez en cuando los obreros salen victoriosos, pero sólo por un tiempo

Il vero frutto delle loro battaglie non sta nel risultato immediato, ma nell'unione sempre più ampia dei lavoratori

El verdadero fruto de sus batallas no reside en el resultado inmediato, sino en la unión cada vez mayor de los trabajadores

Questa unione è favorita dal miglioramento dei mezzi di comunicazione creati dall'industria moderna

Esta unión se ve favorecida por la mejora de los medios de comunicación creados por la industria moderna

La comunicazione moderna mette in contatto gli operai delle diverse località gli uni con gli altri

La comunicación moderna pone en contacto a los trabajadores de diferentes localidades

Era proprio questo contatto che era necessario per centralizzare le numerose lotte locali in un'unica lotta nazionale tra le classi

Era precisamente este contacto el que se necesitaba para centralizar las numerosas luchas locales en una lucha nacional entre clases

Tutte queste lotte hanno lo stesso carattere, e ogni lotta di classe è una lotta politica

Todas estas luchas tienen el mismo carácter, y toda lucha de clases es una lucha política

i borghesi del Medioevo, con le loro misere strade, impiegarono secoli per formare le loro unioni

los burgueses de la Edad Media, con sus miserables carreteras, necesitaron siglos para formar sus uniones

I proletari moderni, grazie alle ferrovie, realizzano le loro unioni nel giro di pochi anni

Los proletarios modernos, gracias a los ferrocarriles, logran sus sindicatos en pocos años

Questa organizzazione dei proletari in classe li formò di conseguenza in un partito politico

Esta organización de los proletarios en una clase los formó, por consiguiente, en un partido político

La classe politica è continuamente sconvolta dalla concorrenza tra gli stessi lavoratori

La clase política se ve continuamente molesta por la competencia entre los propios trabajadores

Ma la classe politica continua a rialzarsi, più forte, più ferma, più potente

Pero la clase política sigue levantándose de nuevo, más fuerte, más firme, más poderosa

Obbliga il riconoscimento legislativo degli interessi particolari dei lavoratori

Obliga al reconocimiento legislativo de los intereses particulares de los trabajadores

lo fa approfittando delle divisioni all'interno della stessa borghesia

lo hace aprovechándose de las divisiones en el seno de la propia burguesía

Così il disegno di legge delle dieci ore in Inghilterra è stato convertito in legge

De este modo, el proyecto de ley de las diez horas en Inglaterra se convirtió en ley

per molti versi gli scontri tra le classi della vecchia società sono inoltre il corso dello sviluppo del proletariato

en muchos sentidos, las colisiones entre las clases de la vieja sociedad son, además, el curso del desarrollo del proletariado

La borghesia si trova coinvolta in una battaglia costante

La burguesía se ve envuelta en una batalla constante

All'inizio si troverà coinvolto in una costante battaglia con l'aristocrazia

Al principio se verá envuelto en una batalla constante con la aristocracia

in seguito si troverà coinvolta in una lotta costante con quelle parti della borghesia stessa

más tarde se verá envuelta en una batalla constante con esas partes de la propia burguesía

e i loro interessi saranno divenuti antagonisti al progresso dell'industria

y sus intereses se habrán vuelto antagónicos al progreso de la industria

in ogni momento, i loro interessi saranno diventati antagonisti con la borghesia dei paesi stranieri

en todo momento, sus intereses se habrán vuelto antagónicos con la burguesía de los países extranjeros

In tutte queste battaglie si vede costretto a fare appello al proletariato e chiede il suo aiuto

En todas estas batallas se ve obligado a apelar al proletariado y pide su ayuda

E quindi, si sentirà in dovere di trascinarlo nell'arena politica

y, por lo tanto, se sentirá obligado a arrastrarlo a la arena política

La borghesia stessa fornisce quindi al proletariato i propri strumenti di educazione politica e generale

La burguesía misma, por lo tanto, suministra al proletariado sus propios instrumentos de educación política y general

in altre parole, fornisce al proletariato le armi per combattere la borghesia

en otras palabras, suministra al proletariado armas para luchar contra la burguesía

Inoltre, come abbiamo già visto, interi settori delle classi dominanti sono precipitati nel proletariato

Además, como ya hemos visto, sectores enteros de las clases dominantes se precipitan en el proletariado

l'avanzata dell'industria li risucchia nel proletariato

el avance de la industria los absorbe en el proletariado

O, almeno, sono minacciati nelle loro condizioni di esistenza

o, al menos, están amenazados en sus condiciones de existencia

Esse forniscono anche al proletariato nuovi elementi di illuminazione e di progresso

Estos también suministran al proletariado nuevos elementos de ilustración y progreso

Infine, nei momenti in cui la lotta di classe si avvicina all'ora decisiva

Finalmente, en momentos en que la lucha de clases se acerca a la hora decisiva

il processo di dissoluzione in corso all'interno della classe dominante

el proceso de disolución que se está llevando a cabo en el seno de la clase dominante

In effetti, la dissoluzione in atto all'interno della classe dominante si farà sentire in tutta la gamma della società

De hecho, la disolución que se está produciendo en el seno de la clase dominante se sentirá en toda la sociedad

Assumerà un carattere così violento e lampante che una piccola parte della classe dominante si ridurrà alla deriva

Tomará un carácter tan violento y deslumbrante, que un pequeño sector de la clase dominante se quedará a la deriva

e che la classe dominante si unirà alla classe rivoluzionaria

y esa clase dominante se unirá a la clase revolucionaria

La classe rivoluzionaria è la classe che ha il futuro nelle sue mani

La clase revolucionaria es la clase que tiene el futuro en sus manos

Proprio come in un periodo precedente, una parte della nobiltà passò alla borghesia

Al igual que en un período anterior, una parte de la nobleza se pasó a la burguesía

allo stesso modo una parte della borghesia passerà al proletariato

de la misma manera que una parte de la burguesía se pasará al proletariado

in particolare, una parte della borghesia passerà a una parte degli ideologi borghesi

en particular, una parte de la burguesía pasará a una parte de los ideólogos de la burguesía

Ideologi borghesi che si sono elevati al livello di comprensione teorica del movimento storico nel suo insieme

Ideólogos burgueses que se han elevado al nivel de comprender teóricamente el movimiento histórico en su conjunto

Di tutte le classi che oggi si trovano faccia a faccia con la borghesia, solo il proletariato è una classe veramente rivoluzionaria

De todas las clases que hoy se encuentran frente a frente con la burguesía, sólo el proletariado es una clase realmente revolucionaria

Le altre classi decadono e alla fine scompaiono di fronte all'industria moderna

Las otras clases decaen y finalmente desaparecen frente a la industria moderna

il proletariato è il suo prodotto speciale ed essenziale

el proletariado es su producto especial y esencial

La piccola borghesia, il piccolo industriale, il negoziante, l'artigiano, il contadino

La clase media baja, el pequeño fabricante, el tendero, el artesano, el campesino

tutte queste lotte contro la borghesia

todos ellos luchan contra la burguesía

Combattono come frazioni della classe media per salvarsi dall'estinzione

Luchan como fracciones de la clase media para salvarse de la extinción

Non sono quindi rivoluzionari, ma conservatori

Por lo tanto, no son revolucionarios, sino conservadores

Anzi, sono reazionari, perché cercano di far tornare indietro la ruota della storia

Más aún, son reaccionarios, porque tratan de hacer retroceder la rueda de la historia

Se per caso sono rivoluzionari, lo sono solo in vista del loro imminente passaggio al proletariato

Si por casualidad son revolucionarios, lo son sólo en vista de su inminente transferencia al proletariado

In questo modo non difendono i loro interessi presenti, ma quelli futuri

Por lo tanto, no defienden sus intereses presentes, sino sus intereses futuros

abbandonano il proprio punto di vista per porsi a quello del proletariato

abandonan su propio punto de vista para situarse en el del proletariado

La "classe pericolosa", la feccia sociale, quella massa passivamente in putrefazione gettata via dagli strati più bassi della vecchia società

La "clase peligrosa", la escoria social, esa masa pasivamente putrefacta arrojada por las capas más bajas de la vieja sociedad

Possono, qua e là, essere trascinati nel movimento da una rivoluzione proletaria

pueden, aquí y allá, ser arrastrados al movimiento por una revolución proletaria

Le sue condizioni di vita, tuttavia, lo preparano molto di più alla parte di uno strumento corrotto di intrighi reazionari

Sus condiciones de vida, sin embargo, la preparan mucho más para el papel de un instrumento sobornado de la intriga reaccionaria

Nelle condizioni del proletariato, quelle della vecchia società in generale sono già virtualmente sommerse

En las condiciones del proletariado, los de la vieja sociedad en general están ya virtualmente desbordados

Il proletario è senza proprietà

El proletario carece de propiedad

il suo rapporto con la moglie e i figli non ha più nulla in comune con i rapporti familiari della borghesia

su relación con su mujer y sus hijos ya no tiene nada en común con las relaciones familiares de la burguesía

Il lavoro industriale moderno, la sudditanza moderna al capitale, lo stesso in Inghilterra come in Francia, in America come in Germania

el trabajo industrial moderno, el sometimiento moderno al capital, lo mismo en Inglaterra que en Francia, en Estados Unidos como en Alemania

La sua condizione sociale lo ha spogliato di ogni traccia di carattere nazionale

Su condición en la sociedad lo ha despojado de todo rastro de carácter nacional

La legge, la morale, la religione, sono per lui altrettanti pregiudizi borghesi

El derecho, la moral, la religión, son para él otros tantos prejuicios burgueses

e dietro questi pregiudizi si nascondono in agguato altrettanti interessi borghesi

y detrás de estos prejuicios acechan emboscados otros tantos intereses burgueses

Tutte le classi precedenti che hanno preso il sopravvento, hanno cercato di fortificare il loro status già acquisito

Todas las clases precedentes que se impusieron trataron de fortalecer su estatus ya adquirido

Lo hanno fatto sottoponendo la società in generale alle loro condizioni di appropriazione

Lo hicieron sometiendo a la sociedad en general a sus condiciones de apropiación

I proletari non possono diventare padroni delle forze produttive della società

Los proletarios no pueden llegar a ser dueños de las fuerzas productivas de la sociedad

Può farlo solo abolendo il loro precedente modo di appropriazione

sólo puede hacerlo aboliendo su propio modo anterior de apropiación

e con ciò abolisce anche ogni altro modo precedente di appropriazione

y, por lo tanto, también suprime cualquier otro modo anterior de apropiación

Non hanno nulla di loro da proteggere e da fortificare

No tienen nada propio que asegurar y fortificar

La loro missione è quella di distruggere tutti i precedenti titoli e le assicurazioni sulla proprietà individuale

Su misión es destruir todos los valores y seguros anteriores de la propiedad individual

Tutti i movimenti storici precedenti erano movimenti di minoranze

Todos los movimientos históricos anteriores fueron movimientos de minorías

o erano movimenti nell'interesse delle minoranze

o eran movimientos en interés de las minorías

Il movimento proletario è il movimento autocosciente e indipendente dell'immensa maggioranza

El movimiento proletario es el movimiento consciente e independiente de la inmensa mayoría

Ed è un movimento nell'interesse dell'immensa maggioranza

Y es un movimiento en interés de la inmensa mayoría

Il proletariato, lo strato più basso della nostra società attuale

El proletariado, el estrato más bajo de nuestra sociedad actual

Non può muoversi o sollevarsi senza che tutti gli strati sovrastanti della società ufficiale siano balzati in aria

no puede agitarse ni elevarse sin que todos los estratos superiores de la sociedad oficial salgan al aire

Anche se non nella sostanza, ma nella forma, la lotta del proletariato contro la borghesia è in primo luogo una lotta nazionale

Aunque no en el fondo, sí en la forma, la lucha del proletariado con la burguesía es, al principio, una lucha nacional

Il proletariato di ogni paese deve, naturalmente, prima di tutto risolvere i conti con la propria borghesia

El proletariado de cada país debe, por supuesto, en primer lugar arreglar las cosas con su propia burguesía

Nel dipingere le fasi più generali dello sviluppo del proletariato, abbiamo tracciato la guerra civile più o meno velata

Al describir las fases más generales del desarrollo del proletariado, hemos trazado la guerra civil más o menos velada

Questo civile sta imperversando all'interno della società esistente

Este civil está haciendo estragos dentro de la sociedad existente

Infurierà fino al punto in cui la guerra scoppierà in una rivoluzione aperta

Se enfurecerá hasta el punto en que esa guerra estalle en una revolución abierta

e poi il rovesciamento violento della borghesia pone le basi per il dominio del proletariato

y luego el derrocamiento violento de la burguesía sienta las bases para el dominio del proletariado

Finora, ogni forma di società si è basata, come abbiamo già visto, sull'antagonismo tra classi oppresse e oppresse

Hasta ahora, todas las formas de sociedad se han basado, como ya hemos visto, en el antagonismo de las clases opresoras y oprimidas

Ma per opprimere una classe, è necessario assicurarle certe condizioni

Pero para oprimir a una clase, hay que asegurarle ciertas condiciones

La classe deve essere mantenuta in condizioni in cui possa, almeno, continuare la sua esistenza servile

La clase debe ser mantenida en condiciones en las que pueda, por lo menos, continuar su existencia servil

Il servo della gleba, nel periodo della servitù della gleba, si elevò a membro della comune

El siervo, en el período de la servidumbre, se elevaba a la comuna

così come la piccola borghesia, sotto il giogo dell'assolutismo feudale, è riuscita a trasformarsi in borghesia

del mismo modo que la pequeña burguesía, bajo el yugo del absolutismo feudal, logró convertirse en burguesía

L'operaio moderno, al contrario, invece di elevarsi con il progresso dell'industria, sprofonda sempre più

El obrero moderno, por el contrario, en lugar de elevarse con el progreso de la industria, se hunde cada vez más

sprofonda al di sotto delle condizioni di esistenza della propria classe

se hunde por debajo de las condiciones de existencia de su propia clase

Diventa un povero, e il pauperismo si sviluppa più rapidamente della popolazione e della ricchezza

Se convierte en un indigente, y el pauperismo se desarrolla más rápidamente que la población y la riqueza

E qui diventa evidente che la borghesia non è più adatta ad essere la classe dominante nella società

Y aquí se hace evidente que la burguesía ya no es apta para ser la clase dominante de la sociedad

ed è inadatto a imporre le sue condizioni di esistenza alla società come una legge suprema

y no es apta para imponer sus condiciones de existencia a la sociedad como una ley imperativa

È inadatto a governare perché è incapace di assicurare un'esistenza al suo schiavo all'interno della sua schiavitù

Es incapaz de gobernar porque es incapaz de asegurar una existencia a su esclavo dentro de su esclavitud

perché non può fare a meno di lasciarlo sprofondare in un tale stato, che deve nutrirlo, invece di essere nutrito da lui

porque no puede evitar dejarlo hundirse en tal estado, que tiene que alimentarlo, en lugar de ser alimentado por él

La società non può più vivere sotto questa borghesia

La sociedad ya no puede vivir bajo esta burguesía

In altre parole, la sua esistenza non è più compatibile con la società

En otras palabras, su existencia ya no es compatible con la sociedad

La condizione essenziale per l'esistenza e per l'influenza della classe borghese è la formazione e l'accrescimento del capitale

La condición esencial para la existencia y el dominio de la burguesía es la formación y el aumento del capital

La condizione per il capitale è il lavoro salariato

La condición del capital es el trabajo asalariado

Il lavoro salariato si basa esclusivamente sulla concorrenza tra gli operai

El trabajo asalariado se basa exclusivamente en la competencia entre los trabajadores

Il progresso dell'industria, il cui promotore involontario è la borghesia, sostituisce l'isolamento degli operai

El avance de la industria, cuyo promotor involuntario es la burguesía, sustituye al aislamiento de los obreros

a causa della concorrenza, a causa della loro combinazione rivoluzionaria, a causa dell'associazione

por la competencia, por su combinación revolucionaria, por la asociación

Lo sviluppo dell'industria moderna toglie da sotto i suoi piedi le fondamenta stesse su cui la borghesia produce e si appropria dei prodotti

El desarrollo de la industria moderna corta bajo sus pies los cimientos mismos sobre los cuales la burguesía produce y se apropia de los productos

Ciò che la borghesia produce, soprattutto, sono i suoi becchini

Lo que la burguesía produce, sobre todo, son sus propios sepultureros

La caduta della borghesia e la vittoria del proletariato sono ugualmente inevitabili

La caída de la burguesía y la victoria del proletariado son igualmente inevitables

Proletari e comunisti
Proletarios y comunistas

In che rapporto si collocano i comunisti con l'insieme dei proletari?

¿Qué relación tienen los comunistas con el conjunto de los proletarios?

I comunisti non formano un partito separato che si contrappone agli altri partiti della classe operaia

Los comunistas no forman un partido separado opuesto a otros partidos de la clase obrera

Essi non hanno interessi separati e separati da quelli del proletariato nel suo insieme

No tienen intereses separados y aparte de los del proletariado en su conjunto

Essi non stabiliscono alcun principio settario proprio, con il quale plasmare e plasmare il movimento proletario

No establecen ningún principio sectario propio, con el cual dar forma y moldear el movimiento proletario

I comunisti si distinguono dagli altri partiti operai solo per due cose

Los comunistas se distinguen de los demás partidos obreros sólo por dos cosas

In primo luogo, essi mettono in evidenza e mettono in primo piano gli interessi comuni di tutto il proletariato, indipendentemente da ogni nazionalità

En primer lugar, señalan y ponen en primer plano los intereses comunes de todo el proletariado, independientemente de toda nacionalidad

Questo fanno nelle lotte nazionali dei proletari dei diversi paesi

Esto lo hacen en las luchas nacionales de los proletarios de los diferentes países

In secondo luogo, essi rappresentano sempre e ovunque gli interessi del movimento nel suo insieme

En segundo lugar, siempre y en todas partes representan los intereses del movimiento en su conjunto

questo fanno nei vari stadi di sviluppo, attraverso i quali deve passare la lotta della classe operaia contro la borghesia

esto lo hacen en las diversas etapas de desarrollo por las que tiene que pasar la lucha de la clase obrera contra la burguesía

I comunisti, quindi, sono da una parte, praticamente, la parte più avanzata e risoluta dei partiti operai di tutti i paesi

Los comunistas son, por lo tanto, por una parte, prácticamente, el sector más avanzado y resuelto de los partidos obreros de todos los países

Sono quella parte della classe operaia che spinge avanti tutte le altre

Son ese sector de la clase obrera que empuja hacia adelante a todos los demás

In teoria, hanno anche il vantaggio di comprendere chiaramente la linea di marcia

Teóricamente, también tienen la ventaja de entender claramente la línea de marcha

Lo capiscono meglio se paragonato alla grande massa del proletariato

Esto lo comprenden mejor comparado con la gran masa del proletariado

Essi comprendono le condizioni e i risultati generali ultimi del movimento proletario

Comprenden las condiciones y los resultados generales finales del movimiento proletario

Lo scopo immediato del comunista è lo stesso di tutti gli altri partiti proletari

El objetivo inmediato del comunista es el mismo que el de todos los demás partidos proletarios

Il loro scopo è la formazione del proletariato in una classe

Su objetivo es la formación del proletariado en una clase

mirano a rovesciare la supremazia della borghesia

su objetivo es derrocar la supremacía burguesa

la lotta per la conquista del potere politico da parte del proletariato

la lucha por la conquista del poder político por el proletariado

Le conclusioni teoriche dei comunisti non sono in alcun modo basate su idee o principi dei riformatori

Las conclusiones teóricas de los comunistas no se basan en modo alguno en ideas o principios de reformadores

non furono gli aspiranti riformatori universali a inventare o scoprire le conclusioni teoriche dei comunisti

no fueron los aspirantes a reformadores universales los que inventaron o descubrieron las conclusiones teóricas de los comunistas

Esse si limitano ad esprimere, in termini generali, i rapporti reali che scaturiscono da una lotta di classe esistente

Se limitan a expresar, en términos generales, las relaciones reales que surgen de una lucha de clases existente

E descrivono il movimento storico che si sta svolgendo sotto i nostri occhi e che ha creato questa lotta di classe

Y describen el movimiento histórico que está ocurriendo ante nuestros propios ojos y que ha creado esta lucha de clases

L'abolizione dei rapporti di proprietà esistenti non è affatto una caratteristica distintiva del comunismo

La abolición de las relaciones de propiedad existentes no es en absoluto un rasgo distintivo del comunismo

Tutti i rapporti di proprietà nel passato sono stati continuamente soggetti a cambiamenti storici

Todas las relaciones de propiedad en el pasado han estado continuamente sujetas a cambios históricos

e questi cambiamenti sono stati conseguenti al mutamento delle condizioni storiche

y estos cambios fueron consecuencia del cambio en las condiciones históricas

La Rivoluzione francese, ad esempio, abolì la proprietà feudale a favore della proprietà borghese

La Revolución Francesa, por ejemplo, abolió la propiedad feudal en favor de la propiedad burguesa

La caratteristica distintiva del comunismo non è l'abolizione della proprietà, in generale

El rasgo distintivo del comunismo no es la abolición de la propiedad, en general

ma la caratteristica distintiva del comunismo è l'abolizione della proprietà borghese

pero el rasgo distintivo del comunismo es la abolición de la propiedad burguesa

Ma la moderna borghesia privata è l'espressione finale e più completa del sistema di produzione e di appropriazione dei prodotti

Pero la propiedad privada de la burguesía moderna es la expresión última y más completa del sistema de producción y apropiación de productos

È lo stato finale di un sistema che si basa su antagonismi di classe, dove l'antagonismo di classe è lo sfruttamento dei molti da parte di pochi

Es el estado final de un sistema que se basa en los antagonismos de clase, donde el antagonismo de clase es la explotación de la mayoría por unos pocos

In questo senso, la teoria dei comunisti può essere riassunta in una sola frase; l'abolizione della proprietà privata

En este sentido, la teoría de los comunistas puede resumirse en una sola frase; la abolición de la propiedad privada

A noi comunisti è stato rimproverato il desiderio di abolire il diritto di acquistare personalmente la proprietà

A los comunistas se nos ha reprochado el deseo de abolir el derecho de adquirir personalmente la propiedad

Si sostiene che questa proprietà sia il frutto del lavoro dell'uomo

Se afirma que esta propiedad es el fruto del propio trabajo de un hombre

E questa proprietà è considerata il fondamento di tutta la libertà, l'attività e l'indipendenza personale.

y se alega que esta propiedad es la base de toda libertad, actividad e independencia personal.

"Proprietà conquistata con fatica, auto-acquisita, auto-guadagnata!"

"¡Propiedad ganada con esfuerzo, adquirida por uno mismo, ganada por uno mismo!"

Intendi la proprietà del piccolo artigiano e del piccolo contadino?

¿Te refieres a la propiedad del pequeño artesano y del pequeño campesino?

Intendi una forma di proprietà che ha preceduto la forma borghese?

¿Te refieres a una forma de propiedad que precedió a la forma burguesa?

Non c'è bisogno di abolirlo, lo sviluppo dell'industria l'ha già in gran parte distrutto

No hay necesidad de abolir eso, el desarrollo de la industria ya lo ha destruido en gran medida

e lo sviluppo dell'industria continua a distruggerla ogni giorno

y el desarrollo de la industria sigue destruyéndola diariamente

O intendi la proprietà privata della borghesia moderna?

¿O te refieres a la propiedad privada de la burguesía moderna?

Ma il lavoro salariato crea una qualche proprietà per l'operaio?

Pero, ¿crea el trabajo asalariado alguna propiedad para el trabajador?

No, il lavoro salariato non crea un briciolo di questo tipo di proprietà!

¡No, el trabajo asalariado no crea ni una pizca de este tipo de propiedad!

Ciò che il lavoro salariato crea è il capitale; quel tipo di proprietà che sfrutta il lavoro salariato

Lo que sí crea el trabajo asalariado es capital; ese tipo de propiedad que explota el trabajo asalariado

Il capitale non può aumentare se non a condizione di generare una nuova offerta di lavoro salariato per un nuovo sfruttamento

El capital no puede aumentar sino a condición de engendrar una nueva oferta de trabajo asalariado para una nueva explotación

La proprietà, nella sua forma attuale, si basa sull'antagonismo tra capitale e lavoro salariato

La propiedad, en su forma actual, se basa en el antagonismo entre el capital y el trabajo asalariado

Esaminiamo entrambi i lati di questo antagonismo

Examinemos los dos lados de este antagonismo

Essere capitalista significa avere non solo uno status puramente personale

Ser capitalista es tener no sólo un estatus puramente personal

Invece, essere un capitalista significa anche avere uno status sociale nella produzione

En cambio, ser capitalista es también tener un estatus social en la producción

perché il capitale è un prodotto collettivo; Solo con l'azione congiunta di molti membri può essere messa in moto

porque el capital es un producto colectivo; Sólo mediante la acción unida de muchos miembros puede ponerse en marcha

Ma questa azione unitaria è l'ultima risorsa, e in realtà richiede tutti i membri della società

Pero esta acción unida es el último recurso, y en realidad requiere de todos los miembros de la sociedad

Il capitale viene convertito in proprietà di tutti i membri della società

El capital se convierte en propiedad de todos los miembros de la sociedad

ma il Capitale non è, quindi, un potere personale; è un potere sociale

pero el Capital no es, por lo tanto, un poder personal; Es un poder social

Così, quando il capitale viene convertito in proprietà sociale, la proprietà personale non si trasforma in proprietà sociale

Así, cuando el capital se convierte en propiedad social, la propiedad personal no se transforma en propiedad social

È solo il carattere sociale della proprietà che viene modificato e perde il suo carattere di classe

Lo único que cambia es el carácter social de la propiedad y pierde su carácter de clase

Esaminiamo ora il lavoro salariato

Veamos ahora el trabajo asalariado

Il prezzo medio del lavoro salariato è il salario minimo, cioè quel quantum dei mezzi di sussistenza

El precio medio del trabajo asalariado es el salario mínimo, es decir, la cantidad de medios de subsistencia

Questo salario è assolutamente richiesto nella semplice esistenza di un operaio

Este salario es absolutamente necesario en la mera existencia de un obrero

Ciò di cui dunque l'operaio salariato si appropria con il suo lavoro, basta solo a prolungare e a riprodurre la nuda esistenza

Por lo tanto, lo que el asalariado se apropia por medio de su trabajo, sólo basta para prolongar y reproducir una existencia desnuda

Noi non intendiamo affatto abolire questa appropriazione personale dei prodotti del lavoro

De ninguna manera pretendemos abolir esta apropiación personal de los productos del trabajo

uno stanziamento che viene fatto per il mantenimento e la riproduzione della vita umana

una apropiación que se hace para el mantenimiento y la reproducción de la vida humana

Tale appropriazione personale dei prodotti del lavoro non lascia alcuna eccedenza con cui comandare il lavoro altrui

Tal apropiación personal de los productos del trabajo no deja ningún excedente con el que ordenar el trabajo de otros

L'unica cosa che vogliamo eliminare è il carattere miserabile di questo stanziamento

Lo único que queremos eliminar es el carácter miserable de esta apropiación

l'appropriazione sotto la quale l'operaio vive solo per aumentare il capitale

la apropiación bajo la cual vive el obrero sólo para aumentar el capital

gli è permesso di vivere solo nella misura in cui l'interesse della classe dominante lo richiede

Sólo se le permite vivir en la medida en que lo exija el interés de la clase dominante

Nella società borghese, il lavoro vivo non è che un mezzo per aumentare il lavoro accumulato

En la sociedad burguesa, el trabajo vivo no es más que un medio para aumentar el trabajo acumulado

Nella società comunista, il lavoro accumulato non è che un mezzo per allargare, per arricchire, per promuovere l'esistenza dell'operaio

En la sociedad comunista, el trabajo acumulado no es más que un medio para ampliar, para enriquecer y para promover la existencia del obrero

Nella società borghese, dunque, il passato domina il presente

En la sociedad burguesa, por lo tanto, el pasado domina al presente

nella società comunista il presente domina il passato

en la sociedad comunista el presente domina al pasado

Nella società borghese il capitale è indipendente e ha individualità

En la sociedad burguesa el capital es independiente y tiene individualidad

Nella società borghese l'uomo vivente è dipendente e non ha individualità

En la sociedad burguesa la persona viva es dependiente y no tiene individualidad

E l'abolizione di questo stato di cose è chiamata dalla borghesia abolizione dell'individualità e della libertà!

¡Y la abolición de este estado de cosas es llamada por la burguesía, abolición de la individualidad y de la libertad!

Ed è giustamente chiamata l'abolizione dell'individualità e della libertà!

¡Y con razón se llama la abolición de la individualidad y de la libertad!

Il comunismo mira all'abolizione dell'individualità borghese

El comunismo aspira a la abolición de la individualidad burguesa

Il comunismo mira all'abolizione dell'indipendenza della borghesia

El comunismo pretende la abolición de la independencia burguesa

La libertà della borghesia è senza dubbio ciò a cui mira il comunismo

La libertad burguesa es, sin duda, a lo que aspira el comunismo

nelle attuali condizioni di produzione della borghesia, libertà significa libero scambio, libera vendita e libero acquisto

en las actuales condiciones de producción de la burguesía, la libertad significa libre comercio, libre venta y compra

Ma se la vendita e l'acquisto scompaiono, scompare anche la vendita e l'acquisto gratuiti

Pero si desaparece la venta y la compra, también desaparece la libre venta y la compra

Le "parole coraggiose" della borghesia sulla libera vendita e sull'acquisto hanno un significato solo in senso limitato

Las "palabras valientes" de la burguesía sobre la libre venta y compra sólo tienen sentido en un sentido limitado

Queste parole hanno significato solo in contrasto con la vendita e l'acquisto limitati

Estas palabras tienen significado solo en contraste con la venta y la compra restringidas

e queste parole hanno significato solo se applicate ai commercianti incatenati del Medioevo

y estas palabras sólo tienen sentido cuando se aplican a los comerciantes encadenados de la Edad Media

e ciò presuppone che queste parole abbiano anche un significato in senso borghese

y eso supone que estas palabras incluso tienen un significado en un sentido burgués

ma queste parole non hanno alcun significato quando vengono usate per opporsi all'abolizione comunista della compravendita

pero estas palabras no tienen ningún significado cuando se usan para oponerse a la abolición comunista de la compra y venta

le parole non hanno alcun significato quando vengono usate per opporsi all'abolizione delle condizioni di produzione della borghesia

las palabras no tienen sentido cuando se usan para oponerse a la abolición de las condiciones de producción de la burguesía

e non hanno alcun significato quando vengono usati per opporsi all'abolizione della borghesia stessa

y no tienen ningún sentido cuando se utilizan para oponerse a la abolición de la propia burguesía

Siete inorriditi dalla nostra intenzione di farla finita con la proprietà privata

Ustedes están horrorizados de nuestra intención de acabar con la propiedad privada

Ma nella vostra società attuale, la proprietà privata è già abolita per i nove decimi della popolazione

Pero en la sociedad actual, la propiedad privada ya ha sido eliminada para las nueve décimas partes de la población

L'esistenza della proprietà privata per pochi è dovuta unicamente alla sua inesistenza nelle mani dei nove decimi della popolazione

La existencia de la propiedad privada para unos pocos se debe únicamente a su inexistencia en manos de las nueve décimas partes de la población

Perciò ci rimproverate di voler sopprimere una forma di proprietà

Por lo tanto, nos reprochas que pretendamos acabar con una forma de propiedad

Ma la proprietà privata richiede l'inesistenza di qualsiasi proprietà per l'immensa maggioranza della società

Pero la propiedad privada requiere la inexistencia de propiedad alguna para la inmensa mayoría de la sociedad

In una parola, ci rimproverate di voler eliminare la vostra proprietà

En una palabra, nos reprochas que pretendamos acabar con tu propiedad

Ed è proprio così; eliminare la tua proprietà è proprio quello che intendiamo

Y es precisamente así; prescindir de su propiedad es justo lo que pretendemos

Dal momento in cui il lavoro non può più essere convertito in capitale, denaro o rendita

Desde el momento en que el trabajo ya no puede convertirse en capital, dinero o renta

quando il lavoro non potrà più essere convertito in un potere sociale monopolizzabile

cuando el trabajo ya no puede convertirse en un poder social capaz de ser monopolizado

dal momento in cui la proprietà individuale non può più essere trasformata in proprietà borghese

desde el momento en que la propiedad individual ya no puede transformarse en propiedad burguesa

dal momento in cui la proprietà individuale non può più essere trasformata in capitale

desde el momento en que la propiedad individual ya no puede transformarse en capital

Da quel momento, dici che l'individualità svanisce

A partir de ese momento, dices que la individualidad se desvanece

Dovete dunque confessare che per "individuo" non intendete altro che la borghesia

Debéis confesar, pues, que por "individuo" no os referimos a otra persona que a la burguesía

Devi confessare che si riferisce specificamente al proprietario di proprietà della classe media

Debes confesar que se refiere específicamente al propietario de una propiedad de clase media

Questa persona deve, infatti, essere spazzata via e resa impossibile

Esta persona debe, en verdad, ser barrida del camino, y hecha imposible

Il comunismo non priva nessun uomo del potere di appropriarsi dei prodotti della società

El comunismo no priva a ningún hombre del poder de apropiarse de los productos de la sociedad

tutto ciò che il comunismo fa è privarlo del potere di soggiogare il lavoro altrui per mezzo di tale appropriazione

todo lo que hace el comunismo es privarlo del poder de subyugar el trabajo de otros por medio de tal apropiación

E' stato obiettato che, con l'abolizione della proprietà privata, tutto il lavoro cesserà

Se ha objetado que, tras la abolición de la propiedad privada, cesará todo trabajo

e si suggerisce allora che la pigrizia universale ci sopraffarà

y entonces se sugiere que la pereza universal se apoderará de nosotros

Secondo questo, la società borghese avrebbe dovuto andare molto tempo fa ai cani per pura pigrizia

De acuerdo con esto, la sociedad burguesa debería haber ido hace mucho tiempo a los perros por pura ociosidad

perché quelli dei suoi membri che lavorano, non acquisiscono nulla

porque los de sus miembros que trabajan, no adquieren nada

e quelli dei suoi membri che acquistano qualcosa, non lavorano

y los de sus miembros que adquieren algo, no trabajan

Tutta questa obiezione non è che un'altra espressione della tautologia

Toda esta objeción no es más que otra expresión de la tautología

Non ci può più essere lavoro salariato quando non c'è più capitale

Ya no puede haber trabajo asalariado cuando ya no hay capital

Non c'è differenza tra prodotti materiali e prodotti mentali

No hay diferencia entre los productos materiales y los productos mentales

Il comunismo propone che entrambi siano prodotti allo stesso modo

El comunismo propone que ambos se producen de la misma manera

ma le obiezioni contro i modi comunisti di produrli sono le stesse

pero las objeciones contra los modos comunistas de producirlos son las mismas

per la borghesia la scomparsa della proprietà di classe è la scomparsa della produzione stessa

para la burguesía, la desaparición de la propiedad de clase es la desaparición de la producción misma

Così la scomparsa della cultura di classe è per lui identica alla scomparsa di ogni cultura

De modo que la desaparición de la cultura de clase es para él idéntica a la desaparición de toda cultura

Quella cultura, di cui lamenta la perdita, è per la stragrande maggioranza un mero addestramento ad agire come una macchina

Esa cultura, cuya pérdida lamenta, es para la inmensa mayoría un mero entrenamiento para actuar como una máquina

I comunisti hanno l'intenzione di abolire la cultura della proprietà borghese

Los comunistas tienen la firme intención de abolir la cultura de la propiedad burguesa

Ma non litigate con noi fintanto che applicate lo standard delle vostre nozioni borghesi di libertà, cultura, legge, ecc

Pero no discutan con nosotros mientras apliquen el estándar de sus nociones burguesas de libertad, cultura, ley, etc

Le vostre stesse idee non sono che il risultato delle condizioni della vostra produzione borghese e della vostra proprietà borghese

Vuestras mismas ideas no son más que el resultado de las condiciones de la producción burguesa y de la propiedad burguesa

così come la tua giurisprudenza non è che la volontà della tua classe trasformata in legge per tutti

del mismo modo que vuestra jurisprudencia no es más que la voluntad de vuestra clase convertida en ley para todos

Il carattere essenziale e la direzione di questa volontà sono determinati dalle condizioni economiche create dalla vostra classe sociale

El carácter esencial y la dirección de esta voluntad están determinados por las condiciones económicas que crea su clase social

L'equivoco egoistico che vi induce a trasformare le forme sociali in leggi eterne della natura e della ragione

El concepto erróneo egoísta que te induce a transformar las formas sociales en leyes eternas de la naturaleza y de la razón

le forme sociali che scaturiscono dal vostro attuale modo di produzione e dalla forma della proprietà

las formas sociales que brotan de vuestro actual modo de producción y de vuestra forma de propiedad

rapporti storici che sorgono e scompaiono nel corso della produzione

relaciones históricas que surgen y desaparecen en el progreso de la producción

Questo equivoco lo condividete con ogni classe dirigente che vi ha preceduto

Este concepto erróneo lo compartes con todas las clases dominantes que te han precedido

Ciò che si vede chiaramente nel caso della proprietà antica, ciò che si ammette nel caso della proprietà feudale

Lo que se ve claramente en el caso de la propiedad antigua, lo que se admite en el caso de la propiedad feudal

queste cose vi è naturalmente proibito di ammetterle nel caso della vostra forma di proprietà borghese

estas cosas, por supuesto, le está prohibido admitir en el caso de su propia forma burguesa de propiedad

Abolizione della famiglia! Anche i più radicali si infiammano di fronte a questa infame proposta dei comunisti

¡Abolición de la familia! Hasta los más radicales estallan ante esta infame propuesta de los comunistas

Su quali basi si fonda la famiglia attuale, la famiglia borghese?

¿Sobre qué base se asienta la familia actual, la familia Bourgeoisie?

La fondazione dell'attuale famiglia si basa sul capitale e sul guadagno privato

La base de la familia actual se basa en el capital y la ganancia privada

Nella sua forma completamente sviluppata, questa famiglia esiste solo tra la borghesia

En su forma completamente desarrollada, esta familia sólo existe entre la burguesía

Questo stato di cose trova il suo complemento nell'assenza pratica della famiglia tra i proletari

Este estado de cosas encuentra su complemento en la ausencia práctica de la familia entre los proletarios

Questo stato di cose si ritrova nella prostituzione pubblica

Este estado de cosas se puede encontrar en la prostitución pública

La famiglia della borghesia scomparirà come una cosa naturale quando svanirà il suo complemento

La familia Bourgeoisie se desvanecerá como algo natural cuando su complemento se desvanezca

ed entrambe queste volontà svaniranno con la scomparsa del capitale

y ambos se desvanecerán con la desaparición del capital

Ci accusate di voler fermare lo sfruttamento dei bambini da parte dei loro genitori?

¿Nos acusan de querer detener la explotación de los niños por parte de sus padres?

Di questo crimine ci dichiariamo colpevoli

De este crimen nos declaramos culpables

Ma, direte voi, noi distruggiamo la più sacra delle relazioni, quando sostituiamo l'educazione domestica con l'educazione sociale

Pero, dirás, destruimos la más sagrada de las relaciones, cuando reemplazamos la educación en el hogar por la educación social

La tua educazione non è anche sociale? E non è forse determinato dalle condizioni sociali in cui si educa?

¿No es también social su educación? ¿Y no está determinado por las condiciones sociales en las que se educa?

dall'intervento, diretto o indiretto, della società, per mezzo delle scuole, ecc.

por la intervención, directa o indirecta, de la sociedad, por medio de las escuelas, etc.

I comunisti non hanno inventato l'intervento della società nell'educazione

Los comunistas no han inventado la intervención de la sociedad en la educación

non fanno altro che cercare di modificare il carattere di tale intervento

lo único que pretenden es alterar el carácter de esa intervención

E cercano di salvare l'istruzione dall'influenza della classe dominante

y buscan rescatar la educación de la influencia de la clase dominante

La borghesia parla della sacra correlazione tra genitore e figlio

La burguesía habla de la sagrada correlación entre padres e hijos

ma questa trappola sulla famiglia e l'educazione diventa ancora più disgustosa quando guardiamo all'industria moderna

pero esta trampa sobre la familia y la educación se vuelve aún más repugnante cuando miramos a la industria moderna

Tutti i legami familiari tra i proletari sono lacerati dall'industria moderna

Todos los lazos familiares entre los proletarios son desgarrados por la industria moderna

i loro figli si trasformano in semplici oggetti di commercio e strumenti di lavoro

Sus hijos se transforman en simples artículos de comercio e instrumentos de trabajo

Ma voi comunisti volete creare una comunità di donne, grida in coro tutta la borghesia

Pero vosotros, los comunistas, creáis una comunidad de mujeres, grita a coro toda la burguesía

La borghesia vede nella moglie un mero strumento di produzione

La burguesía ve en su mujer un mero instrumento de producción

Sente dire che gli strumenti di produzione devono essere sfruttati da tutti

Oye que los instrumentos de producción deben ser explotados por todos

e, naturalmente, non può giungere ad altra conclusione se non che la sorte di essere comune a tutti toccherà anche alle donne

Y, naturalmente, no puede llegar a otra conclusión que la de que la suerte de ser común a todos recaerá igualmente en las mujeres

Non ha nemmeno il sospetto che il vero scopo sia quello di eliminare lo status delle donne come meri strumenti di produzione

Ni siquiera sospecha que el verdadero objetivo es acabar con la condición de la mujer como meros instrumentos de producción

Del resto, nulla è più ridicolo dell'indignazione virtuosa della nostra borghesia di fronte alla comunità delle donne

Por lo demás, nada es más ridículo que la virtuosa indignación de nuestra burguesía contra la comunidad de mujeres

pretendono che sia apertamente e ufficialmente stabilito dai comunisti

pretenden que sea abierta y oficialmente establecida por los comunistas

I comunisti non hanno bisogno di introdurre la comunità delle donne, esiste quasi da tempo immemorabile

Los comunistas no tienen necesidad de introducir la comunidad de mujeres, ha existido casi desde tiempos inmemoriales

La nostra borghesia non si accontenta di avere a disposizione le mogli e le figlie dei suoi proletari

Nuestra burguesía no se contenta con tener a su disposición a las mujeres e hijas de sus proletarios

provano il più grande piacere nel sedurre le mogli l'uno dell'altro

Tienen el mayor placer en seducir a las esposas de los demás

E questo per non parlare delle prostitute comuni

Y eso sin hablar de las prostitutas comunes

Il matrimonio borghese è in realtà un sistema di mogli in comune

El matrimonio burgués es en realidad un sistema de esposas en común

allora c'è una cosa che potrebbe essere rimproverata ai comunisti

entonces hay una cosa que se podría reprochar a los comunistas

Desiderano introdurre una comunità di donne apertamente legalizzata
Desean introducir una comunidad de mujeres abiertamente legalizada
piuttosto che una comunità di donne ipocritamente nascosta
en lugar de una comunidad de mujeres hipócritamente oculta
la comunità delle donne che scaturisce dal sistema di produzione
la comunidad de mujeres que surgen del sistema de producción
Abolite il sistema di produzione e abolirete la comunità delle donne
abolid el sistema de producción y abolid la comunidad de mujeres
sia la prostituzione pubblica è abolita, sia la prostituzione privata
Se suprime la prostitución pública y la prostitución privada
Ai comunisti si rimprovera inoltre di voler abolire i paesi e le nazionalità
A los comunistas se les reprocha, además, que desean abolir los países y las nacionalidades
I lavoratori non hanno patria, quindi non possiamo togliere loro ciò che non hanno
Los trabajadores no tienen patria, así que no podemos quitarles lo que no tienen
Il proletariato deve prima di tutto acquisire la supremazia politica
El proletariado debe, ante todo, adquirir la supremacía política
Il proletariato deve elevarsi ad essere la classe dirigente della nazione
El proletariado debe elevarse para ser la clase dirigente de la nación
Il proletariato deve costituirsi in nazione
El proletariado debe constituirse en la nación
essa stessa è, finora, nazionale, anche se non nel senso borghese del termine

es, hasta ahora, nacional, aunque no en el sentido burgués de la palabra

Le differenze nazionali e gli antagonismi tra i popoli stanno svanendo ogni giorno di più

Las diferencias nacionales y los antagonismos entre los pueblos desaparecen cada día más

grazie allo sviluppo della borghesia, alla libertà di commercio, al mercato mondiale

debido al desarrollo de la burguesía, a la libertad de comercio, al mercado mundial

all'uniformità del modo di produzione e delle condizioni di vita ad esso corrispondenti

a la uniformidad en el modo de producción y en las condiciones de vida correspondientes

La supremazia del proletariato li farà svanire ancora più rapidamente

La supremacía del proletariado hará que desaparezcan aún más rápidamente

L'azione unitaria, almeno dei principali paesi civili, è una delle prime condizioni per l'emancipazione del proletariato

La acción unida, al menos de los principales países civilizados, es una de las primeras condiciones para la emancipación del proletariado

Nella misura in cui si pone fine allo sfruttamento di un individuo da parte di un altro, si porrà fine anche allo sfruttamento di una nazione da parte di un'altra

En la medida en que se ponga fin a la explotación de un individuo por otro, también se pondrá fin a la explotación de una nación por otra.

Nella misura in cui l'antagonismo tra le classi all'interno della nazione svanisce, l'ostilità di una nazione verso l'altra finirà

A medida que desaparezca el antagonismo entre las clases dentro de la nación, la hostilidad de una nación hacia otra llegará a su fin

Le accuse contro il comunismo mosse da un punto di vista religioso, filosofico e, in generale, ideologico, non meritano un serio esame

Las acusaciones contra el comunismo hechas desde un punto de vista religioso, filosófico y, en general, ideológico, no merecen un examen serio

Ci vuole una profonda intuizione per comprendere che le idee, i punti di vista e le concezioni dell'uomo cambiano ad ogni cambiamento delle condizioni della sua esistenza materiale?

¿Se requiere una intuición profunda para comprender que las ideas, puntos de vista y concepciones del hombre cambian con cada cambio en las condiciones de su existencia material?

Non è forse evidente che la coscienza dell'uomo cambia quando cambiano le sue relazioni sociali e la sua vita sociale?

¿No es obvio que la conciencia del hombre cambia cuando cambian sus relaciones sociales y su vida social?

Che cos'altro prova la storia delle idee, se non che la produzione intellettuale cambia il suo carattere nella misura in cui cambia la produzione materiale?

¿Qué otra cosa prueba la historia de las ideas sino que la producción intelectual cambia de carácter a medida que cambia la producción material?

Le idee dominanti di ogni epoca sono sempre state le idee della sua classe dominante

Las ideas dominantes de cada época han sido siempre las ideas de su clase dominante

Quando si parla di idee che rivoluzionano la società, non si fa altro che esprimere un fatto

Cuando se habla de ideas que revolucionan la sociedad, no hace más que expresar un hecho

All'interno della vecchia società, sono stati creati gli elementi di una nuova società

Dentro de la vieja sociedad, se han creado los elementos de una nueva

e che la dissoluzione delle vecchie idee va di pari passo con la dissoluzione delle vecchie condizioni di esistenza

y que la disolución de las viejas ideas sigue el mismo ritmo que la disolución de las viejas condiciones de existencia

Quando il mondo antico era agli ultimi spasimi, le antiche religioni furono sopraffatte dal cristianesimo

Cuando el mundo antiguo estaba en sus últimos estertores, las religiones antiguas fueron vencidas por el cristianismo

Quando le idee cristiane soccombevano nel XVIII secolo alle idee razionaliste, la società feudale combatté la sua battaglia mortale con la borghesia rivoluzionaria di allora

Cuando las ideas cristianas sucumbieron en el siglo XVIII a las ideas racionalistas, la sociedad feudal libró su batalla a muerte contra la burguesía revolucionaria de entonces

Le idee di libertà religiosa e di libertà di coscienza non facevano altro che esprimere l'influenza della libera concorrenza nel campo della conoscenza

Las ideas de la libertad religiosa y de la libertad de conciencia no hacían más que expresar el dominio de la libre competencia en el dominio del conocimiento

"Indubbiamente", si dirà, "le idee religiose, morali, filosofiche e giuridiche sono state modificate nel corso dello sviluppo storico"

"Indudablemente", se dirá, "las ideas religiosas, morales, filosóficas y jurídicas se han modificado en el curso del desarrollo histórico"

"Ma la religione, la morale, la filosofia, la scienza politica e il diritto, sono costantemente sopravvissute a questo cambiamento"

"Pero la religión, la filosofía de la moral, la ciencia política y el derecho, sobrevivieron constantemente a este cambio"

"Ci sono anche verità eterne, come la Libertà, la Giustizia, ecc"

"También hay verdades eternas, como la Libertad, la Justicia, etc."

"Queste verità eterne sono comuni a tutti gli stati della società"

"Estas verdades eternas son comunes a todos los estados de la sociedad"

"Ma il comunismo abolisce le verità eterne, abolisce ogni religione e ogni morale"

"Pero el comunismo suprime las verdades eternas, suprime toda religión y toda moral"

"Lo fa invece di costituirli su una nuova base"

"Lo hace en lugar de constituirlos sobre una nueva base"

"agisce quindi in contraddizione con tutta l'esperienza storica passata"

"Por lo tanto, actúa en contradicción con toda la experiencia histórica pasada"

A che cosa si riduce questa accusa?

¿A qué se reduce esta acusación?

La storia di tutta la società passata è consistita nello sviluppo di antagonismi di classe

La historia de toda la sociedad pasada ha consistido en el desarrollo de antagonismos de clase

antagonismi che hanno assunto forme diverse in epoche diverse

antagonismos que asumieron diferentes formas en diferentes épocas

Ma qualunque forma possano aver preso, un fatto è comune a tutte le epoche passate

Pero cualquiera que sea la forma que hayan tomado, un hecho es común a todas las épocas pasadas

lo sfruttamento di una parte della società da parte dell'altra

la explotación de una parte de la sociedad por la otra

Non c'è da meravigliarsi, quindi, che la coscienza sociale delle epoche passate si muova all'interno di certe forme comuni, o idee generali

No es de extrañar, pues, que la conciencia social de épocas pasadas se mueva dentro de ciertas formas comunes o ideas generales

(e questo nonostante tutta la molteplicità e la varietà che mostra)

(y eso a pesar de toda la multiplicidad y variedad que muestra)

e questi non possono svanire del tutto se non con la totale scomparsa degli antagonismi di classe

y éstos no pueden desaparecer por completo sino con la desaparición total de los antagonismos de clase

La rivoluzione comunista è la rottura più radicale con i rapporti di proprietà tradizionali

La revolución comunista es la ruptura más radical con las relaciones tradicionales de propiedad

Non c'è da stupirsi che il suo sviluppo comporti la rottura più radicale con le idee tradizionali

No es de extrañar que su desarrollo implique la ruptura más radical con las ideas tradicionales

Ma facciamola finita con le obiezioni della borghesia al comunismo

Pero dejemos de lado las objeciones de la burguesía al comunismo

Abbiamo visto sopra il primo passo della rivoluzione della classe operaia

Hemos visto más arriba el primer paso de la revolución de la clase obrera

Il proletariato deve essere elevato alla posizione di governo, per vincere la battaglia della democrazia

Hay que elevar al proletariado a la posición de gobernante, para ganar la batalla de la democracia

Il proletariato userà la sua supremazia politica per strappare, a poco a poco, tutto il capitale alla borghesia

El proletariado utilizará su supremacía política para arrebatar, poco a poco, todo el capital a la burguesía

accentrerà tutti gli strumenti di produzione nelle mani dello Stato

centralizará todos los instrumentos de producción en manos del Estado

In altre parole, il proletariato organizzato come classe dominante

En otras palabras, el proletariado organizado como clase dominante

e aumenterà il totale delle forze produttive il più rapidamente possibile

y aumentará el total de las fuerzas productivas lo más rápidamente posible

Naturalmente, all'inizio, ciò non può essere realizzato se non per mezzo di incursioni dispotiche nei diritti di proprietà

Por supuesto, al principio, esto no puede llevarse a cabo sino por medio de incursiones despóticas en los derechos de propiedad

e deve essere realizzato alle condizioni della produzione borghese

y tiene que lograrse en las condiciones de la producción burguesa

Si ottiene quindi attraverso misure che appaiono economicamente insufficienti e insostenibili

Por lo tanto, se logra mediante medidas que parecen económicamente insuficientes e insostenibles

ma questi mezzi, nel corso del movimento, superano se stessi

pero estos medios, en el curso del movimiento, se superan a sí mismos

Esse richiedono ulteriori incursioni nel vecchio ordine sociale

Requieren nuevas incursiones en el viejo orden social

e sono inevitabili come mezzo per rivoluzionare completamente il modo di produzione

y son ineludibles como medio de revolucionar por completo el modo de producción

Queste misure saranno ovviamente diverse nei vari paesi

Por supuesto, estas medidas serán diferentes en los distintos países

Ciononostante, nei paesi più avanzati, quanto segue sarà abbastanza generalmente applicabile

Sin embargo, en los países más avanzados, lo siguiente será de aplicación bastante general

1. Abolizione della proprietà fondiaria e applicazione di tutte le rendite fondiarie a scopi pubblici.

1. Abolición de la propiedad de la tierra y aplicación de todas las rentas de la tierra a fines públicos.

2. Una pesante imposta sul reddito progressiva o graduale.

2. Un fuerte impuesto progresivo o gradual sobre la renta.

3. Abolizione di ogni diritto di successione.

3. Abolición de todo derecho de herencia.

4. Confisca dei beni di tutti gli emigranti e ribelli.

4. Confiscación de los bienes de todos los emigrantes y rebeldes.

5. Centralizzazione del credito nelle mani dello Stato, per mezzo di una banca nazionale con capitale statale e monopolio esclusivo.

5. Centralización del crédito en manos del Estado, por medio de un banco nacional de capital estatal y monopolio exclusivo.

6. Centralizzazione dei mezzi di comunicazione e di trasporto nelle mani dello Stato.

6. Centralización de los medios de comunicación y transporte en manos del Estado.

7. Ampliamento delle fabbriche e degli strumenti di produzione di proprietà dello Stato

7. Ampliación de fábricas e instrumentos de producción propiedad del Estado

l'introduzione alla coltivazione di terreni incolti e il miglioramento del suolo in generale secondo un piano comune.

la puesta en cultivo de tierras baldías y el mejoramiento del suelo en general de acuerdo con un plan común.

8. Uguale responsabilità di tutti nei confronti del lavoro

8. Igual responsabilidad de todos hacia el trabajo

Costituzione di eserciti industriali, soprattutto per l'agricoltura.

Establecimiento de ejércitos industriales, especialmente para la agricultura.

9. Combinazione dell'agricoltura con le industrie manifatturiere

9. Combinación de la agricultura con las industrias manufactureras

Graduale abolizione della distinzione tra città e campagna, mediante una distribuzione più equa della popolazione sul territorio.

Abolición gradual de la distinción entre la ciudad y el campo, por una distribución más equitativa de la población en todo el país.

10. Istruzione gratuita per tutti i bambini nelle scuole pubbliche.

10. Educación gratuita para todos los niños en las escuelas públicas.

Abolizione del lavoro minorile nelle fabbriche nella sua forma attuale

Abolición del trabajo infantil en las fábricas en su forma actual

Combinazione di istruzione e produzione industriale

Combinación de la educación con la producción industrial

Quando, nel corso dello sviluppo, le distinzioni di classe sono scomparse

Cuando, en el curso del desarrollo, las distinciones de clase han desaparecido

e quando tutta la produzione è stata concentrata nelle mani di una vasta associazione di tutta la nazione

y cuando toda la producción se ha concentrado en manos de una vasta asociación de toda la nación

allora il potere pubblico perderà il suo carattere politico

entonces el poder público perderá su carácter político

Il potere politico propriamente detto non è altro che il potere organizzato di una classe per opprimerne un'altra

El poder político, propiamente dicho, no es más que el poder organizado de una clase para oprimir a otra

Se il proletariato, nella sua lotta con la borghesia, è costretto, per forza di cose, ad organizzarsi come classe

Si el proletariado, en su lucha contra la burguesía, se ve obligado, por la fuerza de las circunstancias, a organizarse como clase

se, per mezzo di una rivoluzione, si fa classe dominante

si, por medio de una revolución, se convierte en la clase dominante

e, come tale, spazza via con la forza le vecchie condizioni di produzione

y, como tal, barre por la fuerza las viejas condiciones de producción

Allora, insieme a queste condizioni, essa avrà spazzato via le condizioni dell'esistenza degli antagonismi di classe e delle classi in generale

entonces, junto con estas condiciones, habrá barrido las condiciones para la existencia de los antagonismos de clase y de las clases en general

e avrà così abolito la propria supremazia come classe.

y con ello habrá abolido su propia supremacía como clase.

Al posto della vecchia società borghese, con le sue classi e i suoi antagonismi di classe, avremo un'associazione

En lugar de la vieja sociedad burguesa, con sus clases y sus antagonismos de clase, tendremos una asociación

un'associazione in cui il libero sviluppo di ciascuno è la condizione per il libero sviluppo di tutti

una asociación en la que el libre desarrollo de cada uno sea la condición para el libre desarrollo de todos

1) Socialismo reazionario
1) Socialismo reaccionario

a) Il socialismo feudale
a) Socialismo feudal

le aristocrazie di Francia e Inghilterra avevano una posizione storica unica
las aristocracias de Francia e Inglaterra tenían una posición histórica única
divenne la loro vocazione scrivere opuscoli contro la moderna società borghese
se convirtió en su vocación escribir panfletos contra la sociedad burguesa moderna
Nella rivoluzione francese del luglio 1830 e nell'agitazione riformatrice inglese
En la Revolución Francesa de julio de 1830 y en la agitación reformista inglesa
Queste aristocrazie soccombevano di nuovo all'odioso nuovo arrivato
Estas aristocracias sucumbieron de nuevo ante el odioso advenedizo
Da quel momento in poi, una seria contesa politica era del tutto fuori questione
A partir de entonces, una contienda política seria quedó totalmente fuera de discusión
Tutto ciò che rimaneva possibile era una battaglia letteraria, non una battaglia vera e propria
Todo lo que quedaba posible era una batalla literaria, no una batalla real
Ma anche nel campo della letteratura le vecchie grida del periodo della restaurazione erano diventate impossibili
Pero incluso en el dominio de la literatura, los viejos gritos del período de la restauración se habían vuelto imposibles
Per suscitare simpatia, l'aristocrazia era costretta a perdere di vista, a quanto pare, i propri interessi

Para despertar simpatías, la aristocracia se vio obligada a perder de vista, aparentemente, sus propios intereses

ed erano obbligati a formulare la loro accusa contro la borghesia nell'interesse della classe operaia sfruttata

y se vieron obligados a formular su acusación contra la burguesía en interés de la clase obrera explotada

Così l'aristocrazia si prese la sua rivincita cantando beffe al loro nuovo padrone

Así, la aristocracia se vengó cantando sátiras a su nuevo amo

e si vendicarono sussurrandogli all'orecchio sinistre profezie di catastrofe imminente

y se vengaron susurrándole al oído siniestras profecías de catástrofe venidera

Nacque così il socialismo feudale: metà lamento, metà beffa

De esta manera surgió el socialismo feudal: mitad lamentación, mitad sátira

Risuonava per metà come un'eco del passato e per metà una minaccia per metà del futuro

Sonaba como medio eco del pasado y proyectaba mitad amenaza del futuro

a volte, con la sua critica amara, arguta e incisiva, colpiva la borghesia nel profondo del cuore

a veces, con su crítica amarga, ingeniosa e incisiva, golpeó a la burguesía hasta la médula

Ma è sempre stato ridicolo nel suo effetto, a causa della totale incapacità di comprendere il corso della storia moderna

pero siempre fue ridículo en su efecto, por su total incapacidad para comprender la marcha de la historia moderna

L'aristocrazia, per radunare il popolo, sventolava davanti la borsa dell'elemosina del proletariato per uno stendardo

La aristocracia, con el fin de atraer al pueblo hacia ellos, agitaba la bolsa de limosnas proletaria delante como una bandera

Ma il popolo, tutte le volte che si univa a loro, vedeva sui loro quarti posteriori i vecchi stemmi feudali

Pero el pueblo, tan a menudo como se unía a ellos, veía en sus cuartos traseros los antiguos escudos de armas feudales

e disertarono con risate fragorose e irriverenti

y desertaron con carcajadas ruidosas e irreverentes

Una parte dei legittimisti francesi e della "Giovane Inghilterra" ha esposto questo spettacolo

Un sector de los legitimistas franceses y de la "Joven Inglaterra" exhibió este espectáculo

i feudatari facevano notare che il loro modo di sfruttamento era diverso da quello della borghesia

los feudales señalaban que su modo de explotación era diferente al de la burguesía

I feudatari dimenticano di aver sfruttato in circostanze e condizioni del tutto diverse

Los feudales olvidan que explotaron en circunstancias y condiciones muy diferentes

E non si sono accorti che tali metodi di sfruttamento sono ormai antiquati

Y no se dieron cuenta de que tales métodos de explotación ahora son anticuados

Hanno dimostrato che, sotto il loro dominio, il proletariato moderno non è mai esistito

demostraron que, bajo su gobierno, el proletariado moderno nunca existió

ma dimenticano che la borghesia moderna è la progenie necessaria della loro forma di società

pero olvidan que la burguesía moderna es el vástago necesario de su propia forma de sociedad

Per il resto, non nascondono affatto il carattere reazionario della loro critica

Por lo demás, apenas ocultan el carácter reaccionario de su crítica

la loro principale accusa contro la borghesia è la seguente

su principal acusación contra la burguesía es la siguiente

sotto il regime borghese si sta sviluppando una classe sociale

bajo el régimen de la burguesía se está desarrollando una clase social

Questa classe sociale è destinata a sradicare e ramificare il vecchio ordine della società

Esta clase social está destinada a cortar de raíz el viejo orden de la sociedad

Ciò di cui rimproverano la borghesia non è tanto che essa crei un proletariato

Lo que reprochan a la burguesía no es tanto que cree un proletariado

ciò di cui rimproverano la borghesia è più che altro che essa crea un proletariato rivoluzionario

lo que reprochan a la burguesía es más bien que crea un proletariado revolucionario

Nella pratica politica, quindi, essi si uniscono a tutte le misure coercitive contro la classe operaia

En la práctica política, por lo tanto, se unen a todas las medidas coercitivas contra la clase obrera

E nella vita ordinaria, nonostante le loro frasi altisonanti, si chinano a raccogliere le mele d'oro cadute dall'albero dell'industria

Y en la vida ordinaria, a pesar de sus frases altisonantes, se inclinan a recoger las manzanas de oro que caen del árbol de la industria

e barattano la verità, l'amore e l'onore con il commercio della lana, dello zucchero di barbabietola e dell'acquavite di patate

y trocan la verdad, el amor y el honor por el comercio de lana, azúcar de remolacha y aguardiente de patata

Come il parroco è sempre andato a braccetto con il proprietario terriero, così il socialismo clericale è andato a braccetto con il socialismo feudale

Así como el párroco ha ido siempre de la mano con el terrateniente, así también lo ha hecho el socialismo clerical con el socialismo feudal

Non c'è niente di più facile che dare all'ascetismo cristiano una sfumatura socialista

Nada es más fácil que dar al ascetismo cristiano un tinte socialista

Il cristianesimo non ha forse declamato contro la proprietà privata, contro il matrimonio, contro lo Stato?

¿No ha declamado el cristianismo contra la propiedad privada, contra el matrimonio, contra el Estado?

Il cristianesimo non ha forse predicato al posto di queste, la carità e la povertà?

¿No ha predicado el cristianismo en lugar de estos, la caridad y la pobreza?

Il cristianesimo non predica forse il celibato e la mortificazione della carne, la vita monastica e la Madre Chiesa?

¿Acaso el cristianismo no predica el celibato y la mortificación de la carne, la vida monástica y la Madre Iglesia?

Il socialismo cristiano non è che l'acqua santa con cui il sacerdote consacra i bruciori di cuore dell'aristocratico

El socialismo cristiano no es más que el agua bendita con la que el sacerdote consagra los ardores del corazón del aristócrata

b) Il socialismo piccolo-borghese
b) Socialismo pequeñoburgués

L'aristocrazia feudale non fu l'unica classe che fu rovinata dalla borghesia
La aristocracia feudal no fue la única clase arruinada por la burguesía
non era l'unica classe le cui condizioni di esistenza si struggevano e perivano nell'atmosfera della moderna società borghese
no fue la única clase cuyas condiciones de existencia languidecieron y perecieron en la atmósfera de la sociedad burguesa moderna
I borghesi medievali e i piccoli proprietari contadini furono i precursori della borghesia moderna
Los burgueses medievales y los pequeños propietarios campesinos fueron los precursores de la burguesía moderna
Nei paesi poco sviluppati, industrialmente e commercialmente, queste due classi vegetano ancora l'una accanto all'altra
En los países poco desarrollados, industrial y comercialmente, estas dos clases siguen vegetando una al lado de la otra
e nel frattempo la borghesia si solleva accanto a loro: industrialmente, commercialmente e politicamente
y mientras tanto la burguesía se levanta junto a ellos: industrial, comercial y políticamente
Nei paesi in cui la civiltà moderna si è pienamente sviluppata, si è formata una nuova classe di piccola borghesia
En los países donde la civilización moderna se ha desarrollado plenamente, se ha formado una nueva clase de pequeña burguesía
questa nuova classe sociale oscilla tra proletariato e borghesia
esta nueva clase social fluctúa entre el proletariado y la burguesía

e si rinnova sempre come parte supplementare della società borghese

y siempre se renueva como parte complementaria de la sociedad burguesa

I singoli membri di questa classe, tuttavia, vengono costantemente scagliati verso il proletariato

Sin embargo, los miembros individuales de esta clase son constantemente arrojados al proletariado

Esse sono risucchiate dal proletariato attraverso l'azione della concorrenza

son absorbidos por el proletariado a través de la acción de la competencia

Man mano che l'industria moderna si sviluppa, essi vedono avvicinarsi anche il momento in cui scompariranno completamente come sezione indipendente della società moderna

A medida que la industria moderna se desarrolla, incluso ven acercarse el momento en que desaparecerán por completo como sección independiente de la sociedad moderna

Saranno sostituiti, nelle manifatture, nell'agricoltura e nel commercio, da sorveglianti, balivi e bottegai

Serán reemplazados, en las manufacturas, la agricultura y el comercio, por vigilantes, alguaciles y tenderos

In paesi come la Francia, dove i contadini costituiscono molto più della metà della popolazione

En países como Francia, donde los campesinos constituyen mucho más de la mitad de la población

era naturale che ci fossero scrittori che si schieravano con il proletariato contro la borghesia

era natural que hubiera escritores que se pusieran del lado del proletariado contra la burguesía

nella loro critica del regime borghese usavano lo stendardo della piccola borghesia contadina

en su crítica al régimen burgués utilizaron el estandarte de la pequeña burguesía campesina

E dal punto di vista di queste classi intermedie prendono il bastone per la classe operaia

Y desde el punto de vista de estas clases intermedias, toman el garrote de la clase obrera

Sorse così il socialismo piccolo-borghese, di cui Sismondi era il capo di questa scuola, non solo in Francia ma anche in Inghilterra

Así surgió el socialismo pequeñoburgués, del que Sismondi era el jefe de esta escuela, no sólo en Francia, sino también en Inglaterra

Questa scuola del socialismo ha sezionato con grande acutezza le contraddizioni delle condizioni della produzione moderna

Esta escuela del socialismo diseccionó con gran agudeza las contradicciones de las condiciones de producción moderna

Questa scuola ha messo a nudo le ipocrite scuse degli economisti

Esta escuela puso al descubierto las apologías hipócritas de los economistas

Questa scuola dimostrò, in modo incontrovertibile, gli effetti disastrosi delle macchine e della divisione del lavoro

Esta escuela demostró, incontrovertiblemente, los efectos desastrosos de la maquinaria y de la división del trabajo

Ha dimostrato la concentrazione del capitale e della terra in poche mani

Probó la concentración del capital y de la tierra en pocas manos

ha dimostrato come la sovrapproduzione porti alle crisi della borghesia

demostró cómo la sobreproducción conduce a las crisis de la burguesía

indicava l'inevitabile rovina della piccola borghesia e del contadino

señalaba la ruina inevitable de la pequeña burguesía y del campesino

la miseria del proletariato, l'anarchia nella produzione, le disuguaglianze nella distribuzione della ricchezza

la miseria del proletariado, la anarquía en la producción, las desigualdades flagrantes en la distribución de la riqueza

Ha mostrato come il sistema di produzione conduca la guerra industriale di sterminio tra le nazioni

Mostró cómo el sistema de producción lidera la guerra industrial de exterminio entre naciones

la dissoluzione dei vecchi legami morali, dei vecchi rapporti familiari, delle vecchie nazionalità

la disolución de los viejos lazos morales, de las viejas relaciones familiares, de las viejas nacionalidades

Nei suoi obiettivi positivi, tuttavia, questa forma di socialismo aspira a raggiungere una delle due cose

Sin embargo, en sus objetivos positivos, esta forma de socialismo aspira a lograr una de dos cosas

o mira a ripristinare i vecchi mezzi di produzione e di scambio

o bien pretende restaurar los antiguos medios de producción y de intercambio

e con i vecchi mezzi di produzione avrebbe restaurato i vecchi rapporti di proprietà e la vecchia società

y con los viejos medios de producción restauraría las viejas relaciones de propiedad y la vieja sociedad

o mira a restringere i moderni mezzi di produzione e di scambio nel vecchio quadro dei rapporti di proprietà

o pretende apretar los medios modernos de producción e intercambio en el viejo marco de las relaciones de propiedad

In entrambi i casi, è sia reazionario che utopico

En cualquier caso, es a la vez reaccionario y utópico

Le sue ultime parole sono: corporazioni per la manifattura, relazioni patriarcali in agricoltura

Sus últimas palabras son: gremios corporativos para la manufactura, relaciones patriarcales en la agricultura

Alla fine, quando i fatti storici ostinati avevano disperso tutti gli effetti inebrianti dell'autoinganno

En última instancia, cuando los obstinados hechos históricos
habían dispersado todos los efectos embriagadores del
autoengaño
**questa forma di socialismo finì in un miserabile impeto di
pietà**
esta forma de socialismo terminó en un miserable ataque de
lástima

c) Socialismo tedesco, o "vero",
c) Socialismo alemán o "verdadero"

La letteratura socialista e comunista francese ha avuto origine sotto la pressione di una borghesia al potere
La literatura socialista y comunista de Francia se originó bajo la presión de una burguesía en el poder
E questa letteratura era l'espressione della lotta contro questo potere
Y esta literatura era la expresión de la lucha contra este poder
fu introdotto in Germania in un momento in cui la borghesia aveva appena iniziato la sua lotta contro l'assolutismo feudale
se introdujo en Alemania en un momento en que la burguesía acababa de comenzar su lucha contra el absolutismo feudal
I filosofi tedeschi, gli aspiranti filosofi e i bei prits si impadronirono avidamente di questa letteratura
Los filósofos alemanes, los aspirantes a filósofos y los beaux esprits, se apoderaron con avidez de esta literatura
ma dimenticarono che gli scritti emigrarono dalla Francia in Germania senza portare con sé le condizioni sociali francesi
pero olvidaron que los escritos emigraron de Francia a Alemania sin traer consigo las condiciones sociales francesas
A contatto con le condizioni sociali tedesche, questa letteratura francese perse tutto il suo significato pratico immediato
En contacto con las condiciones sociales alemanas, esta literatura francesa perdió toda su significación práctica inmediata
e la letteratura comunista francese assunse un aspetto puramente letterario nei circoli accademici tedeschi
y la literatura comunista de Francia asumió un aspecto puramente literario en los círculos académicos alemanes
Così, le rivendicazioni della prima Rivoluzione francese non erano altro che le rivendicazioni della "ragion pratica"

Así, las exigencias de la primera Revolución Francesa no eran más que las exigencias de la "Razón Práctica"

e l'espressione della volontà della borghesia rivoluzionaria francese significava ai loro occhi la legge della pura volontà

y la expresión de la voluntad de la burguesía revolucionaria francesa significaba a sus ojos la ley de la voluntad pura

significava la Volontà come doveva essere; della vera Volontà umana in generale

significaba la Voluntad tal como estaba destinada a ser; de la verdadera Voluntad humana en general

Il mondo dei letterati tedeschi consisteva unicamente nel mettere in armonia le nuove idee francesi con la loro antica coscienza filosofica

El mundo de los literatos alemanes consistía únicamente en armonizar las nuevas ideas francesas con su antigua conciencia filosófica

o meglio, hanno annesso le idee francesi senza abbandonare il proprio punto di vista filosofico

o mejor dicho, se anexionaron las ideas francesas sin abandonar su propio punto de vista filosófico

L'annessione è avvenuta nello stesso modo in cui ci si appropria di una lingua straniera, vale a dire per traduzione

Esta anexión se llevó a cabo de la misma manera en que se apropia una lengua extranjera, es decir, por traducción

E' ben noto come i monaci scrivessero stupide vite di santi cattolici sui manoscritti

Es bien sabido cómo los monjes escribieron vidas tontas de santos católicos sobre manuscritos

i manoscritti su cui erano state scritte le opere classiche dell'antico paganesimo

los manuscritos sobre los que se habían escrito las obras clásicas del antiguo paganismo

I letterati tedeschi invertirono questo processo con la letteratura profana francese

Los literatos alemanes invirtieron este proceso con la literatura profana francesa

Hanno scritto le loro sciocchezze filosofiche sotto l'originale francese

Escribieron sus tonterías filosóficas bajo el original francés

Per esempio, sotto la critica francese alle funzioni economiche del denaro, hanno scritto "Alienazione dell'umanità"

Por ejemplo, debajo de la crítica francesa a las funciones económicas del dinero, escribieron "Alienación de la humanidad"

sotto la critica francese allo Stato borghese si scriveva "detronizzazione della categoria del generale"

debajo de la crítica francesa al Estado burgués escribieron "destronamiento de la categoría de general"

L'introduzione di queste frasi filosofiche alla base delle critiche storiche francesi che hanno soprannominato:

La introducción de estas frases filosóficas en el reverso de las críticas históricas francesas las denominó:

"Filosofia dell'azione", "Vero socialismo", "Scienza tedesca del socialismo", "Fondamento filosofico del socialismo" e così via

"Filosofía de la acción", "Socialismo verdadero", "Ciencia alemana del socialismo", "Fundamentos filosóficos del socialismo", etc

La letteratura socialista e comunista francese fu così completamente evirata

De este modo, la literatura socialista y comunista francesa quedó completamente castrada

nelle mani dei filosofi tedeschi cessò di esprimere la lotta di una classe contro l'altra

en manos de los filósofos alemanes dejó de expresar la lucha de una clase con la otra

e così i filosofi tedeschi si sentivano coscienti di aver superato "l'unilateralità francese"

y así los filósofos alemanes se sintieron conscientes de haber superado la "unilateralidad francesa"

Non doveva rappresentare le vere esigenze, piuttosto, rappresentava le esigenze della verità

no tenía que representar requisitos verdaderos, sino que representaba requisitos de verdad

non c'era interesse per il proletariato, ma c'era interesse per la natura umana

no había interés en el proletariado, más bien, había interés en la Naturaleza Humana

l'interesse era per l'uomo in generale, che non appartiene a nessuna classe e non ha realtà

el interés estaba en el Hombre en general, que no pertenece a ninguna clase y no tiene realidad

un uomo che esiste solo nel regno nebbioso della fantasia filosofica

Un hombre que sólo existe en el brumoso reino de la fantasía filosófica

ma alla fine anche questo socialismo tedesco da scolaro perse la sua pedante innocenza

pero con el tiempo este colegial socialismo alemán también perdió su inocencia pedante

la borghesia tedesca, e specialmente la borghesia prussiana, combattevano contro l'aristocrazia feudale

la burguesía alemana, y especialmente la burguesía prusiana, lucharon contra la aristocracia feudal

anche la monarchia assoluta di Germania e di Prussia veniva presa in giro

la monarquía absoluta de Alemania y Prusia también estaba siendo combatida

E a sua volta, anche la letteratura del movimento liberale divenne più seria

Y a su vez, la literatura del movimiento liberal también se hizo más seria

La Germania ha avuto l'opportunità a lungo desiderata per il "vero" socialismo

Se le ofreció a Alemania la tan deseada oportunidad del "verdadero" socialismo

l'opportunità di confrontare il movimento politico con le rivendicazioni socialiste
la oportunidad de confrontar al movimiento político con las reivindicaciones socialistas

L'opportunità di scagliare i tradizionali anatemi contro il liberalismo
la oportunidad de lanzar los anatemas tradicionales contra el liberalismo

l'opportunità di attaccare il governo rappresentativo e la concorrenza borghese
la oportunidad de atacar al gobierno representativo y a la competencia burguesa

Libertà di stampa della borghesia, Legislazione della borghesia, Libertà e uguaglianza della borghesia
Libertad de prensa burguesa, Legislación burguesa, Libertad e igualdad burguesa

Tutto questo potrebbe ora essere criticato nel mondo reale, piuttosto che nella fantasia
Todo esto ahora podría ser criticado en el mundo real, en lugar de en la fantasía

L'aristocrazia feudale e la monarchia assoluta avevano a lungo predicato alle masse
La aristocracia feudal y la monarquía absoluta habían predicado durante mucho tiempo a las masas

"L'operaio non ha nulla da perdere e ha tutto da guadagnare"
"El obrero no tiene nada que perder y tiene todo que ganar"

anche il movimento borghese offriva la possibilità di confrontarsi con questi luoghi comuni
el movimiento burgués también ofrecía la oportunidad de hacer frente a estos tópicos

la critica francese presupponeva l'esistenza di una moderna società borghese
la crítica francesa presuponía la existencia de la sociedad burguesa moderna

Condizioni economiche di esistenza della borghesia e costituzione politica della borghesia

Las condiciones económicas de existencia de la burguesía y la constitución política de la burguesía

le stesse cose il cui raggiungimento era l'oggetto della lotta in corso in Germania

las mismas cosas cuya consecución era el objeto de la lucha pendiente en Alemania

La sciocca eco del socialismo in Germania ha abbandonato questi obiettivi appena in tempo

El estúpido eco del socialismo alemán abandonó estos objetivos justo a tiempo

I governi assoluti avevano il loro seguito di parroci, professori, signorotti e funzionari

Los gobiernos absolutos tenían sus seguidores de párrocos, profesores, escuderos y funcionarios

il governo dell'epoca rispose alle insurrezioni della classe operaia tedesca con fustigazioni e pallottole

el gobierno de la época se enfrentó a los levantamientos de la clase obrera alemana con azotes y balas

per loro questo socialismo serviva da gradito spaventapasseri contro la borghesia minacciosa

para ellos este socialismo servía de espantapájaros contra la burguesía amenazadora

e il governo tedesco è stato in grado di offrire un dolce dessert dopo le pillole amare che ha distribuito

y el gobierno alemán pudo ofrecer un postre dulce después de las píldoras amargas que repartió

questo "vero" socialismo servì così ai governi come arma per combattere la borghesia tedesca

este "verdadero" socialismo servía así a los gobiernos como arma para combatir a la burguesía alemana

e, allo stesso tempo, rappresentava direttamente un interesse reazionario; quella dei Filistei tedeschi

y, al mismo tiempo, representaba directamente un interés reaccionario; la de los filisteos alemanes

In Germania la classe della piccola borghesia è la vera base sociale dello stato di cose esistente

En Alemania, la pequeña burguesía es la verdadera base social
del actual estado de cosas

**Una reliquia del XVI secolo che è costantemente emersa
sotto varie forme**

Una reliquia del siglo XVI que ha ido surgiendo
constantemente bajo diversas formas

**Preservare questa classe significa preservare lo stato di cose
esistente in Germania**

Preservar esta clase es preservar el estado de cosas existente en
Alemania

**La supremazia industriale e politica della borghesia
minaccia la piccola borghesia di sicura distruzione**

La supremacía industrial y política de la burguesía amenaza a
la pequeña burguesía con una destrucción segura

**da un lato, minaccia di distruggere la piccola borghesia
attraverso la concentrazione del capitale**

por un lado, amenaza con destruir a la pequeña burguesía a
través de la concentración del capital

**dall'altra parte, la borghesia minaccia di distruggerla con
l'ascesa di un proletariato rivoluzionario**

por otra parte, la burguesía amenaza con destruirla mediante
el ascenso de un proletariado revolucionario

**Il "vero" socialismo sembrava prendere questi due piccioni
con una fava. Si diffuse come un'epidemia**

El "verdadero" socialismo parecía matar estos dos pájaros de
un tiro. Se extendió como una epidemia

**La veste di ragnatele speculative, ricamata di fiori di retorica,
intrisa della rugiada di un sentimento malaticcio**

El manto de telarañas especulativas, bordado con flores de
retórica, empapado en el rocío de un sentimiento enfermizo

**questa veste trascendentale in cui i socialisti tedeschi
avvolsero le loro tristi "verità eterne"**

esta túnica trascendental en la que los socialistas alemanes
envolvían sus tristes "verdades eternas"

tutto pelle e ossa, servirono ad aumentare meravigliosamente la vendita dei loro prodotti tra un pubblico così

toda la piel y los huesos, sirvieron para aumentar maravillosamente la venta de sus productos entre un público tan

E da parte sua, il socialismo tedesco riconosceva, sempre di più, la propria vocazione

Y por su parte, el socialismo alemán reconocía, cada vez más, su propia vocación

era chiamato ad essere il roboante rappresentante della piccola borghesia filistea

estaba llamado a ser el grandilocuente representante de la pequeña burguesía filistea

Proclamò che la nazione tedesca era la nazione modello, e il piccolo filisteo tedesco l'uomo modello

Proclamaba que la nación alemana era la nación modelo, y que el pequeño filisteo alemán era el hombre modelo

A ogni malvagia meschinità di quest'uomo modello dava un'interpretazione nascosta, più alta, socialista

A cada maldad malvada de este hombre modelo le daba una interpretación socialista oculta y superior

questa interpretazione superiore e socialista era l'esatto contrario del suo vero carattere

esta interpretación socialista superior era exactamente lo contrario de su carácter real

Arrivò al punto di opporsi direttamente alla tendenza "brutalmente distruttiva" del comunismo

Llegó al extremo de oponerse directamente a la tendencia "brutalmente destructiva" del comunismo

e proclamava il suo supremo e imparziale disprezzo di tutte le lotte di classe

y proclamó su supremo e imparcial desprecio de todas las luchas de clases

Con pochissime eccezioni, tutte le cosiddette pubblicazioni socialiste e comuniste che circolano ora (1847) in Germania

appartengono al dominio di questa letteratura sporca e snervante

Con muy pocas excepciones, todas las publicaciones llamadas socialistas y comunistas que ahora (1847) circulan en Alemania pertenecen al dominio de esta literatura sucia y enervante

2) Socialismo conservatore, o socialismo borghese
2) Socialismo conservador o socialismo burgués

Una parte della borghesia è desiderosa di rimediare alle rimostranze sociali
Una parte de la burguesía está deseosa de reparar los agravios sociales
al fine di assicurare la continuazione dell'esistenza della società borghese
con el fin de asegurar la continuidad de la sociedad burguesa
A questa sezione appartengono economisti, filantropi, umanitari
A esta sección pertenecen economistas, filántropos, humanistas
miglioratori della condizione della classe operaia e organizzatori di carità
mejoradores de la condición de la clase obrera y organizadores de la caridad
Membri di associazioni per la prevenzione della crudeltà verso gli animali
Miembros de las Sociedades para la Prevención de la Crueldad contra los Animales
Fanatici della temperanza, riformatori di ogni tipo immaginabile
fanáticos de la templanza, reformadores de todo tipo imaginable
Questa forma di socialismo, inoltre, è stata elaborata in sistemi completi
Esta forma de socialismo, además, ha sido elaborada en sistemas completos
Possiamo citare la "Philosophie de la Misère" di Proudhon come esempio di questa forma
Podemos citar la "Philosophie de la Misère" de Proudhon como ejemplo de esta forma
La borghesia socialista vuole tutti i vantaggi delle condizioni sociali moderne

La burguesía socialista quiere todas las ventajas de las condiciones sociales modernas

ma la borghesia socialista non vuole necessariamente le lotte e i pericoli che ne derivano

pero la burguesía socialista no quiere necesariamente las luchas y los peligros resultantes

Desiderano lo stato attuale della società, senza i suoi elementi rivoluzionari e disgregatori

Desean el estado actual de la sociedad, menos sus elementos revolucionarios y desintegradores

in altre parole, vogliono una borghesia senza proletariato

en otras palabras, desean una burguesía sin proletariado

La borghesia concepisce naturalmente il mondo in cui è supremo essere il migliore

La burguesía concibe naturalmente el mundo en el que es supremo ser el mejor

e il socialismo borghese sviluppa questa concezione comoda in vari sistemi più o meno completi

y el socialismo burgués desarrolla esta cómoda concepción en varios sistemas más o menos completos

vorrebbero che il proletariato marciasse subito nella Nuova Gerusalemme sociale

les gustaría mucho que el proletariado marchara directamente hacia la Nueva Jerusalén social

Ma in realtà richiede che il proletariato rimanga entro i limiti della società esistente

pero en realidad requiere que el proletariado permanezca dentro de los límites de la sociedad existente

chiedono al proletariato di gettare via tutte le loro odiose idee sulla borghesia

piden al proletariado que abandone todas sus ideas odiosas sobre la burguesía

c'è una seconda forma più pratica, ma meno sistematica, di questo socialismo

hay una segunda forma más práctica, pero menos sistemática, de este socialismo

Questa forma di socialismo cercava di svalutare ogni
movimento rivoluzionario agli occhi della classe operaia
Esta forma de socialismo buscaba despreciar todo movimiento
revolucionario a los ojos de la clase obrera
Sostengono che nessuna semplice riforma politica potrebbe
essere di alcun vantaggio per loro
Argumentan que ninguna mera reforma política podría ser
ventajosa para ellos
solo un cambiamento delle condizioni materiali di esistenza
nei rapporti economici è di beneficio
Sólo un cambio en las condiciones materiales de existencia en
las relaciones económicas es beneficioso
Come il comunismo, questa forma di socialismo auspica un
cambiamento delle condizioni materiali di esistenza
Al igual que el comunismo, esta forma de socialismo aboga
por un cambio en las condiciones materiales de existencia
tuttavia, questa forma di socialismo non suggerisce affatto
l'abolizione dei rapporti di produzione borghesi
sin embargo, esta forma de socialismo no sugiere en modo
alguno la abolición de las relaciones de producción burguesas
l'abolizione dei rapporti di produzione borghesi può essere
raggiunta solo attraverso una rivoluzione
la abolición de las relaciones de producción burguesas sólo
puede lograrse mediante una revolución
Ma invece di una rivoluzione, questa forma di socialismo
suggerisce riforme amministrative
Pero en lugar de una revolución, esta forma de socialismo
sugiere reformas administrativas
e queste riforme amministrative si baserebbero sulla
continuazione di queste relazioni
y estas reformas administrativas se basarían en la continuidad
de estas relaciones
riforme, quindi, che non incidono in alcun modo sui
rapporti tra capitale e lavoro
reformas, por lo tanto, que no afectan en ningún aspecto a las
relaciones entre el capital y el trabajo

nella migliore delle ipotesi, tali riforme diminuiscono i costi
e semplificano il lavoro amministrativo del governo
borghese

en el mejor de los casos, tales reformas disminuyen el costo y
simplifican el trabajo administrativo del gobierno burgués

**Il socialismo borghese raggiunge un'espressione adeguata
quando, e solo quando, diventa una semplice figura retorica**

El socialismo burgués alcanza una expresión adecuada
cuando, y sólo cuando, se convierte en una mera figura
retórica

Libero scambio: a beneficio della classe operaia

Libre comercio: en beneficio de la clase obrera

Doveri di protezione: a beneficio della classe operaia

Deberes protectores: en beneficio de la clase obrera

Riforma carceraria: a beneficio della classe operaia

Reforma Penitenciaria: en beneficio de la clase trabajadora

**Questa è l'ultima parola e l'unica parola seriamente intesa
del socialismo borghese**

Esta es la última palabra y la única palabra seria del socialismo
burgués

**Si riassume nella frase: la borghesia è una borghesia a
beneficio della classe operaia**

Se resume en la frase: la burguesía es una burguesía en
beneficio de la clase obrera

3) Socialismo critico-utopico e comunismo
3) Socialismo crítico-utópico y comunismo

Non ci riferiamo qui a quella letteratura che ha sempre dato voce alle rivendicazioni del proletariato
No nos referimos aquí a esa literatura que siempre ha dado voz a las reivindicaciones del proletariado
questo è stato presente in ogni grande rivoluzione moderna, come gli scritti di Babeuf e altri
esto ha estado presente en todas las grandes revoluciones modernas, como los escritos de Babeuf y otros
I primi tentativi diretti del proletariato di raggiungere i propri fini fallirono necessariamente
Las primeras tentativas directas del proletariado para alcanzar sus propios fines fracasaron necesariamente
Questi tentativi furono fatti in tempi di eccitazione universale, quando la società feudale veniva rovesciata
Estos intentos se hicieron en tiempos de excitación universal, cuando la sociedad feudal estaba siendo derrocada
Lo stato allora sottosviluppato del proletariato fece fallire quei tentativi
El entonces subdesarrollado del proletariado llevó a que fracasaran esos intentos
e fallirono per l'assenza delle condizioni economiche per la sua emancipazione
y fracasaron por la ausencia de las condiciones económicas para su emancipación
condizioni che dovevano ancora essere prodotte, e che potevano essere prodotte solo dall'imminente epoca della borghesia
condiciones que aún no se habían producido, y que sólo podían ser producidas por la inminente época de la burguesía
La letteratura rivoluzionaria che accompagnò questi primi movimenti del proletariato ebbe necessariamente un carattere reazionario

La literatura revolucionaria que acompañó a estos primeros
movimientos del proletariado tuvo necesariamente un carácter
reaccionario

**Questa letteratura inculcava l'ascetismo universale e il
livellamento sociale nella sua forma più cruda**

Esta literatura inculcó el ascetismo universal y la nivelación
social en su forma más cruda

**I sistemi socialista e comunista, propriamente detti, sorgono
all'esistenza nel primo periodo non sviluppato**

Los sistemas socialista y comunista, propiamente dichos,
surgen en el período temprano no desarrollado

**Saint-Simon, Fourier, Owen e altri, hanno descritto la lotta
tra proletariato e borghesia (vedi Sezione 1)**

Saint-Simon, Fourier, Owen y otros, describieron la lucha
entre el proletariado y la burguesía (ver sección 1)

**I fondatori di questi sistemi vedono, infatti, gli antagonismi
di classe**

Los fundadores de estos sistemas ven, en efecto, los
antagonismos de clase

**Vedono anche l'azione degli elementi in decomposizione,
nella forma prevalente della società**

también ven la acción de los elementos en descomposición, en
la forma predominante de la sociedad

**Ma il proletariato, ancora agli albori, offre loro lo spettacolo
di una classe senza alcuna iniziativa storica**

Pero el proletariado, todavía en su infancia, les ofrece el
espectáculo de una clase sin ninguna iniciativa histórica

**Vedono lo spettacolo di una classe sociale senza alcun
movimento politico indipendente**

Ven el espectáculo de una clase social sin ningún movimiento
político independiente

**Lo sviluppo dell'antagonismo di classe va di pari passo con
lo sviluppo dell'industria**

El desarrollo del antagonismo de clase sigue el mismo ritmo
que el desarrollo de la industria

Perciò la situazione economica non offre ancora loro le condizioni materiali per l'emancipazione del proletariato

De modo que la situación económica no les ofrece todavía las condiciones materiales para la emancipación del proletariado

Cercano quindi una nuova scienza sociale, nuove leggi sociali, che creino queste condizioni

Por lo tanto, buscan una nueva ciencia social, nuevas leyes sociales, que creen estas condiciones

l'azione storica è cedere alla loro personale azione inventiva

acción histórica es ceder a su acción inventiva personal

Le condizioni di emancipazione create storicamente devono cedere a condizioni fantastiche

Las condiciones de emancipación creadas históricamente han de ceder ante condiciones fantásticas

e l'organizzazione di classe graduale e spontanea del proletariato deve cedere il passo all'organizzazione della società

y la organización gradual y espontánea de clase del proletariado debe ceder ante la organización de la sociedad

l'organizzazione della società appositamente escogitata da questi inventori

la organización de la sociedad especialmente ideada por estos inventores

La storia futura si risolve, ai loro occhi, nella propaganda e nell'attuazione pratica dei loro piani sociali

La historia futura se resuelve, a sus ojos, en la propaganda y en la realización práctica de sus planes sociales

Nella formazione dei loro piani essi sono coscienti di preoccuparsi principalmente degli interessi della classe operaia

En la formación de sus planes son conscientes de preocuparse principalmente por los intereses de la clase obrera

Solo dal punto di vista della classe più sofferente il proletariato esiste per loro

Sólo desde el punto de vista de ser la clase más sufriente existe el proletariado para ellos

Lo stato di sottosviluppo della lotta di classe e il loro ambiente informano le loro opinioni

El estado subdesarrollado de la lucha de clases y su propio entorno informan sus opiniones

I socialisti di questo tipo si considerano di gran lunga superiori a tutti gli antagonismi di classe

Los socialistas de este tipo se consideran muy superiores a todos los antagonismos de clase

Vogliono migliorare la condizione di ogni membro della società, anche quella dei più favoriti

Quieren mejorar la condición de todos los miembros de la sociedad, incluso la de los más favorecidos

Quindi, si rivolgono abitualmente alla società in generale, senza distinzione di classe

De ahí que habitualmente atraigan a la sociedad en general, sin distinción de clase

anzi, si rivolgono alla società in generale preferendo la classe dominante

Es más, apelan a la sociedad en general con preferencia a la clase dominante

Per loro, tutto ciò che serve è che gli altri capiscano il loro sistema

Para ellos, todo lo que se requiere es que los demás entiendan su sistema

Perché come si può non vedere che il miglior piano possibile è per il miglior stato possibile della società?

Porque, ¿cómo puede la gente no ver que el mejor plan posible es para el mejor estado posible de la sociedad?

Perciò essi rifiutano ogni azione politica, e specialmente ogni azione rivoluzionaria

Por lo tanto, rechazan toda acción política, y especialmente toda acción revolucionaria

desiderano raggiungere i loro fini con mezzi pacifici
desean alcanzar sus fines por medios pacíficos

tentano, con piccoli esperimenti, che sono necessariamente destinati al fallimento

se esfuerzan, mediante pequeños experimentos, que están necesariamente condenados al fracaso

e con la forza dell'esempio cercano di aprire la strada al nuovo Vangelo sociale

y con la fuerza del ejemplo tratan de abrir el camino al nuevo Evangelio social

Immagini fantastiche della società futura, dipinte in un'epoca in cui il proletariato è ancora in uno stato molto sottosviluppato

Cuadros tan fantásticos de la sociedad futura, pintados en un momento en que el proletariado se encuentra todavía en un estado muy subdesarrollado

e non ha che una concezione fantastica della propria posizione

y todavía no tiene más que una concepción fantástica de su propia posición

ma le loro prime aspirazioni istintive corrispondono alle aspirazioni del proletariato

pero sus primeros anhelos instintivos corresponden a los anhelos del proletariado

Entrambi anelano ad una ricostruzione generale della società

Ambos anhelan una reconstrucción general de la sociedad

Ma queste pubblicazioni socialiste e comuniste contengono anche un elemento critico

Pero estas publicaciones socialistas y comunistas también contienen un elemento crítico

Attaccano ogni principio della società esistente

Atacan todos los principios de la sociedad existente

Perciò sono pieni dei materiali più preziosi per l'illuminazione della classe operaia

De ahí que estén llenos de los materiales más valiosos para la ilustración de la clase obrera

Propongono l'abolizione della distinzione tra città e campagna, e la famiglia

Proponen la abolición de la distinción entre la ciudad y el campo, y la familia

l'abolizione dell'esercizio di industrie per conto di privati
la supresión de la explotación de industrias por cuenta de los
particulares
e l'abolizione del sistema salariale e la proclamazione
dell'armonia sociale
y la abolición del sistema salarial y la proclamación de la
armonía social
la trasformazione delle funzioni dello Stato in una mera
sovrintendenza alla produzione
la conversión de las funciones del Estado en una mera
superintendencia de la producción
Tutte queste proposte puntano unicamente alla scomparsa
degli antagonismi di classe
Todas estas propuestas, apuntan únicamente a la desaparición
de los antagonismos de clase
Gli antagonismi di classe, a quel tempo, stavano appena
emergendo
Los antagonismos de clase estaban, en ese momento, apenas
surgiendo
In queste pubblicazioni questi antagonismi di classe sono
riconosciuti solo nelle loro forme più antiche, indistinte e
indefinite
En estas publicaciones estos antagonismos de clase se
reconocen sólo en sus formas más tempranas, indistintas e
indefinidas
Queste proposte, quindi, hanno un carattere puramente
utopico
Estas propuestas, por lo tanto, son de carácter puramente
utópico
L'importanza del socialismo critico-utopico e del comunismo
ha una relazione inversa con lo sviluppo storico
La importancia del socialismo crítico-utópico y del
comunismo guarda una relación inversa con el desarrollo
histórico
La lotta di classe moderna si svilupperà e continuerà ad
assumere una forma definita

La lucha de clases moderna se desarrollará y continuará
tomando forma definitiva

**Questa fantastica posizione del concorso perderà ogni valore
pratico**

Esta fantástica posición del concurso perderá todo valor
práctico

**Questi fantastici attacchi agli antagonismi di classe
perderanno ogni giustificazione teorica**

Estos fantásticos ataques a los antagonismos de clase perderán
toda justificación teórica

**I creatori di questi sistemi furono, per molti aspetti,
rivoluzionari**

Los creadores de estos sistemas fueron, en muchos aspectos,
revolucionarios

**ma i loro discepoli hanno, in ogni caso, formato semplici
sette reazionarie**

pero sus discípulos han formado, en todos los casos, meras
sectas reaccionarias

**Si aggrappano saldamente alle vedute originali dei loro
padroni**

Se aferran firmemente a los puntos de vista originales de sus
amos

**Ma queste concezioni sono in contrasto con il progressivo
sviluppo storico del proletariato**

Pero estos puntos de vista se oponen al desarrollo histórico
progresivo del proletariado

**Essi, quindi, si sforzano, e con coerenza, di smorzare la lotta
di classe**

Por lo tanto, se esfuerzan, y eso de manera consecuente, por
amortiguar la lucha de clases

**e si sforzano costantemente di conciliare gli antagonismi di
classe**

y se esfuerzan constantemente por reconciliar los
antagonismos de clase

**Sognano ancora la realizzazione sperimentale delle loro
utopie sociali**

Todavía sueñan con la realización experimental de sus utopías sociales

sognano ancora di fondare "falansteri" isolati e di fondare "colonie domestiche"

todavía sueñan con fundar "falansterios" aislados y establecer "colonias domésticas"

sognano di creare una "Piccola Icaria" – edizioni duodecimo della Nuova Gerusalemme

sueñan con establecer una "Pequeña Icaria": ediciones duodécimas de la Nueva Jerusalén

e sognano di realizzare tutti questi castelli in aria

y sueñan con realizar todos estos castillos en el aire

sono costretti a fare appello ai sentimenti e alle tasche della borghesia

se ven obligados a apelar a los sentimientos y a las carteras de los burgueses

A poco a poco sprofondano nella categoria dei socialisti conservatori reazionari sopra descritti

Poco a poco se hunden en la categoría de los socialistas conservadores reaccionarios descritos anteriormente

differiscono da questi solo per una pedanteria più sistematica

sólo se diferencian de ellos por una pedantería más sistemática

e differiscono per la loro fede fanatica e superstiziosa negli effetti miracolosi della loro scienza sociale

y se diferencian por su creencia fanática y supersticiosa en los efectos milagrosos de su ciencia social

Essi, quindi, si oppongono violentemente ad ogni azione politica da parte della classe operaia

Por lo tanto, se oponen violentamente a toda acción política por parte de la clase obrera

tale azione, secondo loro, può derivare solo da una cieca incredulità nel nuovo Vangelo

tal acción, según ellos, sólo puede ser el resultado de una ciega incredulidad en el nuevo Evangelio

Gli oweniti in Inghilterra e i fourieristi in Francia, rispettivamente, si oppongono ai cartisti e ai "réformisti"
Los owenistas en Inglaterra y los fourieristas en Francia, respectivamente, se oponen a los cartistas y a los reformistas

Posizione dei comunisti nei confronti dei vari partiti di opposizione esistenti
Posición de los comunistas en relación con los diversos partidos de oposición existentes

La sezione II ha chiarito i rapporti dei comunisti con i partiti operai esistenti
La sección II ha dejado claras las relaciones de los comunistas con los partidos obreros existentes
come i cartisti in Inghilterra e i riformatori agrari in America
como los cartistas en Inglaterra y los reformadores agrarios en América
I comunisti lottano per il raggiungimento degli obiettivi immediati
Los comunistas luchan por el logro de los objetivos inmediatos
Lottano per l'imposizione degli interessi momentanei della classe operaia
Luchan por la imposición de los intereses momentáneos de la clase obrera
Ma nel movimento politico del presente, essi rappresentano e si prendono cura anche del futuro di quel movimento
Pero en el movimiento político del presente, también representan y cuidan el futuro de ese movimiento
In Francia i comunisti si alleano con i socialdemocratici
En Francia, los comunistas se alían con los socialdemócratas
e si posizionano contro la borghesia conservatrice e radicale
y se posicionan contra la burguesía conservadora y radical
tuttavia, si riservano il diritto di assumere una posizione critica nei confronti delle frasi e delle illusioni tradizionalmente tramandate dalla grande Rivoluzione
sin embargo, se reservan el derecho de tomar una posición crítica respecto de las frases e ilusiones tradicionalmente transmitidas desde la gran Revolución
In Svizzera appoggiano i radicali, senza perdere di vista il fatto che questo partito è composto da elementi antagonisti

En Suiza apoyan a los radicales, sin perder de vista que este partido está formado por elementos antagónicos

in parte di socialisti democratici, nel senso francese, in parte di borghesia radicale

en parte de los socialistas democráticos, en el sentido francés, en parte de la burguesía radical

In Polonia appoggiano il partito che insiste sulla rivoluzione agraria come condizione primaria per l'emancipazione nazionale

En Polonia apoyan al partido que insiste en la revolución agraria como condición primordial para la emancipación nacional

quel partito che fomentò l'insurrezione di Cracovia nel 1846

el partido que fomentó la insurrección de Cracovia en 1846

In Germania combattono contro la borghesia ogni volta che agisce in modo rivoluzionario

En Alemania luchan con la burguesía cada vez que ésta actúa de manera revolucionaria

contro la monarchia assoluta, lo scudiero feudale e la piccola borghesia

contra la monarquía absoluta, la nobleza feudal y la pequeña burguesía

Ma essi non cessano mai, nemmeno per un istante, di instillare nella classe operaia un'idea particolare

Pero no cesan, ni por un solo instante, de inculcar en la clase obrera una idea particular

il riconoscimento più chiaro possibile dell'antagonismo ostile tra borghesia e proletariato

el reconocimiento más claro posible del antagonismo hostil entre la burguesía y el proletariado

in modo che gli operai tedeschi possano usare immediatamente le armi a loro disposizione

para que los obreros alemanes puedan utilizar inmediatamente las armas de que disponen

le condizioni sociali e politiche che la borghesia deve necessariamente introdurre insieme alla sua supremazia

las condiciones sociales y políticas que la burguesía debe introducir necesariamente junto con su supremacía

la caduta delle classi reazionarie in Germania è inevitabile

la caída de las clases reaccionarias en Alemania es inevitable

e allora la lotta contro la borghesia stessa può cominciare immediatamente

y entonces la lucha contra la burguesía misma puede comenzar inmediatamente

I comunisti rivolgono la loro attenzione soprattutto alla Germania, perché questo paese è alla vigilia di una rivoluzione borghese

Los comunistas dirigen su atención principalmente a Alemania, porque este país está en vísperas de una revolución burguesa

una rivoluzione che è destinata a compiersi nelle condizioni più avanzate della civiltà europea

una revolución que está destinada a llevarse a cabo en las condiciones más avanzadas de la civilización europea

ed è destinata ad essere attuata con un proletariato molto più sviluppato

y está destinado a llevarse a cabo con un proletariado mucho más desarrollado

un proletariato più progredito di quello dell'Inghilterra nel XVII secolo e della Francia nel XVIII secolo

un proletariado más avanzado que el de Inglaterra en el XVII y el de Francia en el siglo XVIII

e perché la rivoluzione borghese in Germania non sarà che il preludio di una rivoluzione proletaria immediatamente successiva

y porque la revolución burguesa en Alemania no será más que el preludio de una revolución proletaria inmediatamente posterior

In breve, i comunisti appoggiano dappertutto ogni movimento rivoluzionario contro l'ordine sociale e politico esistente

En resumen, los comunistas apoyan en todas partes todo movimiento revolucionario contra el orden social y político existente

In tutti questi movimenti essi portano in primo piano, come questione principale in ciascuno di essi, la questione della proprietà

En todos estos movimientos ponen en primer plano, como cuestión principal en cada uno de ellos, la cuestión de la propiedad

non importa quale sia il suo grado di sviluppo in quel paese in quel momento

no importa cuál sea su grado de desarrollo en ese país en ese momento

Infine, lavorano dappertutto per l'unione e l'accordo dei partiti democratici di tutti i paesi

Finalmente, trabajan en todas partes por la unión y el acuerdo de los partidos democráticos de todos los países

I comunisti disdegnano di nascondere le loro opinioni e i loro obiettivi

Los comunistas desdeñan ocultar sus puntos de vista y sus objetivos

Dichiarano apertamente che i loro fini possono essere raggiunti solo con il rovesciamento forzato di tutte le condizioni sociali esistenti

Declaran abiertamente que sus fines sólo pueden alcanzarse mediante el derrocamiento por la fuerza de todas las condiciones sociales existentes

Che le classi dominanti tremino di fronte a una rivoluzione comunista

Que las clases dominantes tiemblen ante una revolución comunista

I proletari non hanno nulla da perdere se non le loro catene

Los proletarios no tienen nada que perder más que sus cadenas

Hanno un mondo da vincere

Tienen un mundo que ganar

LAVORATORI DI TUTTI I PAESI, UNITEVI!
¡TRABAJADORES DE TODOS LOS PAÍSES, UNÍOS!